只有董秘才知道的
新三板运作

曾 乔◎著

THE BOARD SECRETARY
OF NEEQ

图书在版编目(CIP)数据

只有董秘才知道的新三板运作 / 曾乔著. - - 北京：华夏出版社，2017.2
(2017.11 重印)

ISBN 978 - 7 - 5080 - 9122 - 8

Ⅰ. ①只… Ⅱ. ①曾… Ⅲ. ①中小企业 - 企业融资 - 研究 - 中国 Ⅳ. ①F279.243

中国版本图书馆 CIP 数据核字(2016)第 325906 号

只有董秘才知道的新三板运作

著　　者	曾　乔	
责任编辑	刘艳静	
出版发行	华夏出版社	
经　　销	新华书店	
印　　刷	三河市少明印务有限公司	
装　　订	三河市少明印务有限公司	
版　　次	2017 年 2 月北京第 1 版	
	2017 年 11 月北京第 2 次印刷	
开　　本	720mm × 1030mm　1/16	
印　　张	15.75	
字　　数	200 千字	
定　　价	48.00 元	

华夏出版社　网址：www.hxph.com.cn　地址：北京市东直门外香河园北里4号　邮编：100028
若发现本版图书有印装质量问题，请与我社营销中心联系调换。电话：(010)64663331(转)

对很多中小企业来说，新三板是离得最近的资本市场。董秘是企业与资本对接的中间人，董秘及董办团队在产融互动中扮演着极其重要的角色。曾乔先生通过本书，让大家清楚董秘的责任和履职应掌握的基本工具，对提升董秘的思维方式、工作方法、实施路径、风险控制具有很强的指导性，进而又对新三板进行了全面的解剖，对企业利用新三板这一资本平台实现跨越式发展具有极大帮助。

——爱迪科森（430086）董事长　蒋立佳

与曾乔老师在工作交往中，深受他视野开阔、思考系统、作风务实而感染。今读了曾乔老师著作，更能系统地了解资本市场特性。该书是新三板董秘非常好的实操学习材料，从若干维度去描述一个优秀新三板董秘的知和行，可谓是新三板董秘的"武功秘籍"。本书从资本市场的全景描述开始，到A股市场、资本市场的宏观、微观规律及产融互动的价值规律，再到董秘职能定位、职业路径及日常事务，皆做了全面系统的概括和梳理，是一本难得的董秘实操指导秘籍。

——天保股份（833433）董事长　王　兴

相识曾乔：年轻有为、才智兼备！很幸运，与曾乔及其团队合作过，他们态度至真、专业至精、观点至新、谋略至远，令我心生尊敬！

通读此书，细品曾乔笔下的新三板，将大有可为。对此，我亦深信！正如其人，谦卑向上、韬光养晦，必将厚积薄发、笑傲资本江湖！

——秋实农业（834384）总经理　张晓龙

和君是一个在资本、金融、管理等领域人才辈出、群星璀璨的群体，森馥科技有幸参加了和君商学的培训学习，并借助和君咨询老师的商业智慧完成了企业发展的重要转型，在此过程中，本书作者曾乔就是非常重要的一位导师。曾乔老师深入理论、紧密结合企业实践，为森馥科技的发展带来了积极作用。本书是曾乔老师根据自己的新三板操作实务为大家分享的理论与经验俱足的精心之作，我个人很受益，在此深表感谢！

——森馥科技（832447）董事长兼总经理　朱　琨

酣畅淋漓地读完曾乔老师的这本著作，顿觉豁然开朗。本书引经据典、深入浅出和逻辑清晰地分析了中外资本市场和预见了新三板的未来。其中取中国经济崛起发展之势、明资本市场趋势变化之道、优企业成长产融互动之术，为传统企业升级转型、插上资本翅膀腾飞提供了理论、数据、模型和实操的支持，实乃难得一见的好书，值得细细学习品读。也望青年才俊的曾乔兄弟带来更多睿智经验分享给大家。

——赛格立诺（831449）董事长　陈　川

曾乔对于新三板的深刻认知一直是有目共睹的，很高兴能够看到他总结分享的《只有董秘才知道的新三板运作》，非常严谨、专业，却又不失幽默风趣，对成长型的三板上市公司有着很高的借鉴意义，值得一读！

——华天海峰（838777）董事长　胡海涛

董秘作为新三板上市公司的资本运营负责人，熟悉资本市场的波动规律是董秘做好新三板公司资本经营的首要任务，只有懂得、认识和把握规律，才能帮助上市公司对证券市场环境的变化做出预测并启动各种应急方案。此书通过对中国及全球资本市场历史数据、案例的收集及深入分析，寻找资本市场运行规律，总结出非常宝贵的值得董秘借鉴和学习的经验，帮助董秘更好地掌握证券及资本市场的水性与特征，有助于企业做好市值管理、有效提升企业价值。

——海林节能（832004）董事长　李海清

这是一本写给新三板董秘的书，也是写给董事长的书，更是写给新三板市场所有参与者的书。作者视角广阔，理论深厚，案例深刻。全书不仅站在全球资本市场的高度分析和研究这个未来举足轻重的新兴资本市场，又能深入到企业的案例里为读者剖析还原来龙去脉。

——置诚管网（837005）董事长兼总经理　崔立建

作为新三板成员之一，见证了短短几年新三板突破10 000家的历史时刻，新三板已经和主板、中小板、创业板一起形成了国内多层次的资本市场。

新三板公司挂牌后，因为财务规范，在定增、转板、并购方面，与没有挂牌的中小企业相比，新三板企业有了更强的资本后续的灵活性。这其中，新三板企业的董秘将会是企业价值的发现者、推动者，甚至是实现者。董秘是一个极其专业的职业，是一个高级复合型的人才。如何在新三板企业平台上用自己的专业体现企业的资本价值，相信曾乔这本《只有董秘才知道的新三板运作》可以将董秘工作从事务性向战略性很好地推进，推荐好好一读。

——睿信传媒（837837）董事长　段晋伟

基于产融互动对新三板公司成长的必要性，董秘在公司是仅次于老板的二把手，应该完成整个公司资本运营的宏观定调和顶层设计。

——鑫磊新材（839832）董事长兼总经理　钟小伟

新三板是一个不够完善、快速成长的资本市场，作为新三板挂牌企业的高管、董事，也一直为其规则、实操深感头疼。这本《只有董秘才知道的新三板运作》是曾乔先生理论与实操的实战总结，是我所认知的、截至目前讲述新三板产融互动最系统、全面、实战的书籍，郑重推荐！

——银橙传媒（830999）董事长　隋恒举

2016年是新三板挂牌企业数量快速发展的一年，2017年必然是新三板优化质量发展的一年，董秘也需要快速学习提升自己，阅读《只有董秘才知道的新三板运作》是好的选择。

2017年，在深化建设多元化资本市场体系、加强供给侧改革、支持实体经济的大环境里，新三板会发展得越来越好。

——汇元科技（832028）总经理　吴洪彬

曾乔是新三板的资深专家，长期专注服务于新三板企业，基于多年实践的经验提炼总结形成精华撰成此书，是我这几年看到的新三板产融互动体系理论与实操相结合最好的一本书，也应该是目前讲述新三板产融互动最系统、最全面的原创作品。作为一个新三板挂牌公司的负责人，感觉此书不仅对董秘，也对新三板公司的企业家和其他相关从业人员都有非常好的借鉴甚至指导意义，现在推荐给广大读者。让我们一起在学习中实践，在实践中成长，共同践行"产业为本、战略为势、创新为魂、金融为器"的商业理念，成就梦想。

——和君恒成（839279）董事长兼总经理　蔡　萌

在一个资本成长的大时代，中小企业需要快对接。这本书结构化新三板的资本运作精要，以往花了不少时间和成本去听课的感悟都在书中清晰了起来。

让专业的人做专业的事，推荐专业的董秘们读一读专业的书！

——奥美健康（833578）董事长　褚　铿

《只有董秘才知道的新三板运作》对新三板市场生态有独特的认知，系统地诠释了挂牌企业资本经营的方法论。既有战略家的远见卓识，给挂牌企业开展资本经营指明了方向，又贴近挂牌企业资本实务的具体落地，为挂牌企业提供了一本资本经营的实操手册。

——差旅天下（430578）董事长　张云松

| 推荐序一 |

新三板与企业成长

一个小企业，登陆新三板，然后借助新三板的力量，完全按市场化的原则和规范透明的操作，两年时间实现营业收入增长30倍、净利润增长10倍、股本增加15倍，创造了"新三板市场支持中小企业成长、中小企业借助新三板力量实现跨越式发展"的一个样本。这个样本是怎样做到的？

时间回到2014年上半年。那时，新三板还不太受人待见，挂牌企业不到800家。我敏感地意识到，在中国建设多层次资本市场体系的发展趋势中，新三板将来会大有前途，对中国企业来说，它的重要性将会超过港交所、纽交所、澳新交易所、东京交易所等，往远处看，新三板也会达到与上交所深交所各有分工、旗鼓相当、平分秋色的地位。于是我动议把和君集团的商学培训业务推到新三板去挂牌。2015年2月，和君商学在线科技股份有限公司成功登陆新三板，股票名称为"和君商学"，股票代码为831930。同事提议要搞个隆重的挂牌敲钟仪式，庆祝和宣传一下。我说别了，还是好好做事吧，把经营和发展做起来，把企业做实在，才是硬道理，仪式、宣传、品牌造势等，以后再说吧。

其时，和君商学股本、资产规模、营业规模和净利润规模都还很小，分别是1000万元、2900万元、3000万元、600万元左右。股东背景也很单一，主要是和君集团及几个公司高管自然人。这样的规模和基础，太薄弱。

公司要发展壮大，首先有必要增强股东实力背景、扩大资本金，让家底厚实一点。于是，和君商学挂牌两个月后，启动了第一次定增，实现股本融资2.65亿元，新东方董事长俞敏洪、千合资本董事长王亚伟、上海证大集团董事长戴志康、深圳海王集团董事长张思民、福建新大陆集团董事长胡钢，以及20来家上市公司或其董事长参与认购了定增股票，成为和君商学的股东。此举，让和君商学的股本实力大增，尤其是股东背景得到了极大增强。定增之后形成的股东名单，被媒体称为"和君商学是新三板上股东阵容最豪华的挂牌公司"。

定增完成后，按"10送70"的比例进行资本公积金转增股本，连同后续的定增扩股，和君商学的股本从挂牌时候的1000万股一跃而变成为1.5亿股，股本规模晋升到了更适当的位置。

新增的股东背景为公司起到了很好的增信作用，和君商学向银行取得大额贷款，连同自有资金，用于收购控股了深交所上市公司汇冠股份（SZ300282），创造了新三板公司收购A股上市公司的第一案。汇冠股份是总部坐落于北京中关村汇冠大厦的国家级高新技术企业，现已拥有三家国家级高新技术企业，分别在北京、深圳、广州。

和君商学控股经营一个A股上市公司后，行业地位、资源整合能力和业务发展潜力大增，和君商学的股票价值也大不同于原来了。于是，公司按新的估值再次进行两轮定增，实现股本融资将近15亿元，提前还掉银行贷款，资产负债表一步回到极度稳健和安全的状态，现金充裕，公司的基础设施和能力建设、业务布局和拓展，有了全新的资金支持。

几个关键步骤做下来，公司的战略决策能力得到了验证，资本和业务的综合实力巨增，带动了公司内外信心满满，企业上下士气高涨、工作激情和战斗力齐涌，因此，公司本部的原有主业也马力十足、高速增长。形成了"外延式扩张、内涵式增长"双轮驱动、相互拉动的良性循环。

从新三板挂牌到目前，两年时间，和君商学实现了股本扩张15倍（从1000万股到1.5亿股）、年营业收入增长30多倍（从3000万元到10多亿元——基于2016年中报数据做的预测）、年净利润增长10倍（从600万元到6000万元以上——基于2016年中报数据做的预测）的跨越式发展。总资产和净资产从挂牌之初的3000万元和1800万元左右，分别增长到了2016年半年报时候的36亿元和18亿元左右，分别增长了大约12000%和9600%。财务报表的规范性、安全性、稳健性、资产质量和盈利能力，都达到了很高的水平。

和君商学顺利进入了新三板的创新层，入选成为了上海证券交易所战略新兴产业综合指数的样本股，被主流媒体评为新三板最具投资价值的十家公司之一，和君商学的董秘李鹏飞被评为新三板最佳董秘第一名。

和君商学原本是一个小企业，如果没有新三板的力量，是不可能在两年时间内实现这样的巨变的。

第一，和君商学充分利用了新三板的股本扩张和融资功能：挂牌后一年内，完成三次定增，累计实现股本融资17亿元。

第二，充分利用了新三板的并购重组和产业整合功能：不单是完成了对上市公司汇冠股份的收购控股，还进行了一系列整合经营资源、进行产业布局和夯实产业基础的能力建设和战略投资。

第三，充分利用新三板改善了股东结构、建立公司治理、规范公司运作，让一个小企业变成为完全符合法定标准、规范、透明、拥有公信力的公众公司，由此实现了与银行信贷、股票发行、资本市场并购等"游戏规则"的接轨。

总之，和君商学是中小企业利用新三板资本市场实现跨越式发展的一个样本。这个样本的实践，真实、鲜活地折射了新三板在中国多层次资本市场体系中的地位、功能及其发挥作用的形式。

不少企业家抱怨说，新三板挂牌后，企业得不到什么实惠，信息披露、财务规范和监管要求还很麻烦，又增加成本，不知道怎样利用新三板市场，也不明白挂牌究竟有啥意义。这不是新三板的问题，是企业自身的知识、能力和人才局限问题。

和君咨询每年为几十家新三板公司提供咨询服务，和君商学院专门开办董秘班为新三板公司培养得力的董秘，我经过多年的商业观察和工作实践感觉到：新三板现有的制度安排和运行规则、当前的资金供应和资产需求，实际上是可以支持中小企业实现成长壮大甚至跨越式发展的。只要公司运作规范且诚信、发展战略清晰、成长计划明确而且靠谱，登陆新三板后，便能够实现较好的估值、融资、并购、资源整合、股权激励、吸引人才等资本市场功能。

不止于此，我还清晰地意识到资本市场有一个"什么马配什么鞍"的问题。一个胸无大志、投机取巧的公司，只配那些胸无大志、投机取巧的投资者，它们互相吸引和博弈，或者弹冠相庆，或者同归于败，或者零和游戏。而真正具有伟大基因和气质、致力于创造长期产业价值的伟大企业，在它的成长早期（还属于中小企业的阶段），需要气质与之匹配、皈依长期价值理念的伟大投资者。而伟大的投资者无不在苦苦寻找有着伟大基因和气质的中小企业，希望在它们年少时期就把钱投入给它们，长期持有它们，分享它们长期成长和成熟后稳定的价值，就像巴菲特长期持有可口可乐、富国银行那样。伟大基因的中小企业与伟大气质的投资者之间，是互为"凤求凰"的苦寻和孤独状态。A股市场波动大，投机性和流动性强，上市公司和投资者双方通常都难以抵御短期涨跌、大起大落的冲击或诱惑，长期价值理念难以坚持。比较而言，新三板更有利于伟大基因的中小企业与伟大气质的投资者实现"被长期"的联姻和忠贞。新三板的制度安排，是足以支持和巩固这种伟大联姻与忠贞的。

从企业发展的角度看，中小企业如果不走规范化、正规化的路子，按老板习惯的打法和活法，无论是野蛮生长还是文质彬彬，普遍难以突破成长障碍。中小企业谋求可持续发展，出路究竟在哪里？我认为，围绕新三板的制度要求，解决企业成长的一系列基础问题，就是一条阳光照亮的出路。

1. 解决公司运作规范化、正规化的问题。以前，规范或不规范是赚多赚少的问题，中小企业不规范是一种成本优势和盈利能力。未来，规范或不规范是生死问题，不规范是"一票否决"企业继续生存下去的"死罪"。下一个商业竞争阶段，规范化是企业经营的基础标配和竞争优势。但做到规范化，谈何容易？借助新三板的监管要求和券商、律师、会计师等中介机构的专业力量，中小企业可望彻底实现规范化、正规化。若不规范，就是过不去。

2. 解决产业选择和业务结构优化问题。面对资本市场，需要说明白公司的商业模式和核心能力，需要论证公司业务结构的合理性和经营能力的可持续性，需要明确公司的发展战略和成长计划，需要论证公司的产业选择、资源配置和募股资金投向。这些问题，实际上，无论挂不挂牌新三板、登不登陆资本市场，都是必须搞明确、做选择的命题。但大量的中小企业，长期对这些决定公司命运的基础命题缺乏思考和认识，迷茫无助。挂牌新三板，可以助推企业正视这些命题，进行思考、做出取舍、实现抉择。

3. 解决融资难的问题。融资难是中小企业的老大难，谁能率先突破这个难题，谁可能就取得了发展先机。试想，一个企业如果运作不规范、财务报表不合规、商业模式不清晰或没有生命力、产业战略和成长计划不明确，谁敢投资这个企业，谁愿贷款给这个企业？所以，融资难不只是金融问题，也是企业自身的规范化和发展能力问题。我可以负责任地说，一个诚信、规范、商业模式清晰、成长计划明确和靠谱的中小企业，融资是不难的，有大量的资金会涌向它。登陆新三板后，解决融资问题可以更方便、更有效率。目前资本市场，不缺钱，短缺的、稀罕的是诚信规范的好企业。

4. 解决人才感召问题。招不到人才、留不住人才、管不好人才，是制约中小企业发展的基础问题和关键问题，无数企业老板的一生都受人才问题的困扰，长期以来无解和无奈。试设想，一个企业，以新三板挂牌为契机，实现了规范化运作，建立了阳光照亮的体制和机制，商业模式很清晰，产业选择和成长计划很靠谱，融资难问题还解决了，资金不缺，换句话说，这个企业规范安全、机制好、有股权激励、有业务可做、有资金投入，这样的企业，还会招不到人才、留不住人才吗？新三板挂牌后，企业的公信力和社会地位提高，可以吸引行业内的人才，实现融智融人，让人才更有信心。

5. 解决资本运作的平台、手段和工具问题。新三板挂牌后，有很多融资手段、金融工具、并购操作模式可以应用。只要企业本身的人才团队尤其是董秘工作团队得力，可以开展合纵连横、内外整合、产融互动，实现企业跨越式发展。

6. 解决企业的公信力和社会地位问题。中小企业的现实处境是，规模小、实力弱、社会地位低、缺乏公信力，不受各方面的待见，政府、银行、供应商、客户、人才甚至当地社区等各方面都不认。要点政策、要点贷款、要点补贴、要点资源、要个账期、要个人才，很困难。新三板挂牌之后，公司的公信力和社会地位可以得到显著的提高，各方面的认可度会明显改善，对增强信用、整合资源、延揽人才大有裨益。

7. 解决企业老板的资产证券化和盈利模式升级问题，老板从拥有资产和利润到拥有股票和市值，实现财富的放大效应，增强资产的流动性和变现能力。

企业上市或挂牌新三板，这些好处是看得见、摸得着的，明摆在那里。能不能真正得到，那就看公司的知识、能力和人才团队了。在这一点上，主板、中小板、创业板和新三板，都是一样的。从"看到"到"得到"，有两个人很关键，一个是董事长，一个是董事会秘书。董事长要有这样的认识和思想，董秘要有这样的执行力和实操能力。目前新三板挂牌企业超过10 000家，我估计半数以上的董事长和董秘在方面颇有欠缺，知识结构覆盖不到这样的需要，人才团队和操作能力还没建立起来。

我的弟子和同事曾乔，在和君商学院求学，在和君咨询公司任职，总结大量实操经验的基础上，编写了这本书，应该是很契合当前需要的。我希望这本书，在帮助新三板公司建立相应的认识和思想、发育相应的执行力和实操能力方面，能够对大家有所助益。

兹为序。

王明夫

和君商学董事长　和君商学院院长

2017年早春　于和君商学院·北京

| 推荐序二 |

董秘的专业作为与职业发展

近几年,伴随着互联网经济的新观念与知识型社会的全面到来,企业的用人观也发生着显著变化,进入人才经营时代,从关注数量到重视质量。对关键人才的获取,往往是"千军易得,一将难求"。学界也越来越提倡以 Talent Management(人才管理)的理念替代传统的 Human Resource Management(人力资源管理)的提法。

董秘就是这样一类重要人才。资本市场上有一个说法:一个真正优秀的董秘,其一人之力胜过千人。比如,曾任万科董秘的谭华杰在许多时候就发挥着这样的作用。

每年都有不少企业家希望和君帮他们找到合适的董秘,以解决企业上市前后的一系列问题。但我们在跟企业家打交道的过程中常有一个明显的感受,许多企业家对董秘一职,什么样的董秘才是一流的,往往没有概念,形不成判断力,导致企业在面对资本市场时缺少一个帮助企业家完成系统思考和展开资本经营活动的"主事人",进而常常使企业在上市后只感受到合规性的限制,而难以充分利用资本市场的规则拉开事业格局。

如何正确认识董秘一职,以让企业更好地应对资本市场的挑战?我们认为,应深究和澄清以下三个问题:

1. 何谓董秘?董秘是一个什么样的职业?
2. 董秘何为?董秘要做什么及如何衡量其成果?
3. 如何成为一名杰出董秘?董秘需具备哪些知识技能?

尤其近几年,新三板市场的发展如火如荼,大批中小企业登陆新三板。截至 2016 年 12 月 19 日,新三板挂牌家数正式达到 10 000 家,其中基础层

9048家，创新层952家。与A股上市公司26年才上市3000家不同，新三板从5000家到10 000家，只花了1年时间。

当新三板企业进入万家时代后，许多问题开始凸显，亟待解决，例如流动性难题。可以预见，董秘势必将在此过程中发挥重要作用。

一、董秘是关键岗位上的稀缺人才

首先是对董秘职业本身的看法和理解。据我们观察，时至今日，董秘仍是一个未被人力资源市场充分重视的专业工作。这从董秘的来源、出身就可以窥见一斑。例如，许多董秘在就任之前，其上一份工作是董事长秘书，俗称"大秘"，然后在公司上市中间变成董秘（董事会秘书），这是非常常见的。再如，由公司的总经办主任兼任董秘。

但实际上，董秘跟秘书的职责定位相距甚远，压根不是一码事儿。"董秘"一词是从香港传过来的，英文是Board Secretary。但不同国家和语境下对同一个词的理解有时千差万别，比如，"美国国务卿"的英文也是Secretary（秘书），Secretary of State，如此重要的国家领导人，显然不是我们惯常理解的秘书角色了。

自2014年3月1日起施行的《公司法》第123条明确规定："上市公司设董事会秘书，负责公司股东大会和董事会会议的筹备、文件保管以及公司股东资料的管理，办理信息披露事务等事宜。"

根据《深圳证券交易所股票上市规则》第三章第二节第二条，董事会秘书对上市公司和董事会负责，履行如下职责：

（一）负责公司信息披露事务，协调公司信息披露工作，组织制订公司信息披露事务管理制度，督促公司及相关信息披露义务人遵守信息披露相关规定；

（二）负责公司投资者关系管理和股东资料管理工作，协调公司与证券监管机构、股东及实际控制人、保荐人、证券服务机构、媒体等之间的信息沟通；

（三）组织筹备董事会会议和股东大会，参加股东大会、董事会会议、监事会会议及高级管理人员相关会议，负责董事会会议记录工作并签字；

（四）负责公司信息披露的保密工作，在未公开重大信息出现泄露时，及时向本所报告并公告；

（五）关注媒体报道并主动求证真实情况，督促董事会及时回复本所所有问询；

（六）组织董事、监事和高级管理人员进行证券法律法规、本规则及相关规定的培训，协助前述人员了解各自在信息披露中的权利和义务；

（七）督促董事、监事和高级管理人员遵守法律、法规、规章、规范性文件、本规则、本所其他相关规定及公司章程，切实履行其所作出的承诺；在知悉公司作出或者可能作出违反有关规定的决议时，应当予以提醒并立即如实地向本所报告；

（八）《公司法》、《证券法》、中国证监会和本所要求履行的其他职责。

董秘是一个公司高管职位，通常跟副总裁是同级别的，有些上市公司董秘由CFO兼任，可见其重要性。有的董秘在卸任之后，甚至成为公司总裁。因此也有一种说法：一个真正优秀的董秘，就不是"秘"的概念了，把第二个字给抹掉，离"董"更近。

董秘在企业中应起的作用，很像是一个投资银行家在整个经济社会中间扮演的角色，例如资源配置、跨领域的交易等。公司上市后，进入一个全新的发展阶段，同时面对产品市场和资本市场的双重考验，所有跟资本市场相关的长远的、日常性的事物都要归口到一个人统领，这个人就是董秘。董秘至关重要，他经常处在一个做乘法题的位置上，研产销部门做的是加法题，通常只有董秘一个人直接面对资本市场，所有人的努力要乘以董秘的贡献，最终变成市值。如果董秘不争气的话，公司和股东财富就会因为这一个人而蒙受损失，因此我们说，董秘是一个关键岗位。有时，此一人之力胜过千人。

董秘的日常工作主要包括三个方面：一是在公司治理结构的运行中，负责处理股东会、董事会、监事会的召开及其前后事项等；二是保证董事会以及上市公司治理运作的合规性，保证其符合《公司法》、《证券法》和证监会、交易所的要求；三是和君所识别和认定的，董秘工作的灵魂是投行家角色，包括四个方面：价值塑造、价值描述、价值传播、价值实现。价值塑造是从下到上，从前台到董事长，整个公司所有人员的共同工作，董秘要起到非常重要的作用，承担协调沟通之责。价值描述是董秘关键工作，决定公司的资本市场定位。价值传播是董秘的日常工作。价值实现是董秘的功夫所在。

由于董秘要同时处理多维度的工作，要打交道的对象可谓多矣，真正优秀的董秘往往可遇而不可求。董秘这个职业有"四高一多"的特点：高管、高薪、高挑战性、高成就感、个人机会多。但遗憾的是，目前人力资源市场上的这类人才非常少，很难找，严重供不应求。因此我们又说，董秘是一类稀缺人才。

据我所知，和君商学院是最早有意识地培养董秘人才的教育机构，自2011年首开董秘班，学期一年，目前已累积培养出多位杰出董秘，包括新财富金牌董秘陈永倬（华录百纳，300291）、新财富金牌董秘潘尉（海印股份，000861）等。

实践证明，和君对董秘一职的理解和体认是相对准确的，教学理念和方法是富有成效的。2016年6月，在由《证券时报》发起的新三板百强榜评选中，和君商学公司（831930）获新三板最具成长潜力公司奖（票选第二名）、和君商学董秘李鹏飞获新三板杰出董秘奖（票选第一名）。李鹏飞就是和君商学院自己培养出来的毕业生。

二、对杰出董秘的评估标准类似投行家

只有正确的认识才能指导正确的实践。人生最大的进步，是思维认识上的突破。对一个志于从事董秘工作的年轻人来说，道理正是如此。如果对董秘的角色缺乏理解，连职业努力的目标和方向都没有，结果是不会发生改变的。尽管已经从事了董秘工作，但事实上，对这份工作的认识，要么是无缘或平庸的，要么是迷茫和煎熬的，无法通往理想的彼岸。

另一方面，对企业家来说也是这样，我们见过不少在实业领域卓有作为的企业家，但对资本市场两眼一抹黑，对董秘是否称职没有识别能力，对如何考核董秘工作成果缺少把握。许多企业家只熟悉产品市场和利润概念，而不熟悉资本市场和市值概念。

有企业家问，用哪些关键指标考核董秘的工作？按照和君的理解，KPI主要有三个，其中后两项是和君原创：

其一，公司治理运行的有效性（效率+合规性）。这是基础性KPI，合规

性是底线要求，公司的法律责任与资本市场形象与此息息相关。

其二，上市公司的估值溢价。同一资本市场环境下，其估值与行业平均水平、对标企业相比，是否有溢价？溢价多少？上市公司估值有无因董秘工作而提高，是考核其表现的关键标准。这一指标使董秘工作更具深度、更丰富，也更有施展才华的空间。

其三，资本市场周期和市值波动的研判和利用。董秘需要研判和利用这种资本市场周期和市值波动，帮助企业完成价值实现，最终使上市公司在产业上更有竞争力。

如果说第二种考核指标牵引董秘的思维频道从产业逻辑导向资本逻辑，第三种指标则是从资本思维再回归到产业，实现产融互动，产业与资本之间的良性循环，对董秘的能力要求就又往纵深处走了一步。也因此，我们说，对杰出董秘的评估标准类似投行家。

在上述总体评价标准之下，董秘的工作主线又有上市前与上市后之别。上市前的主线是辅导上市，包括对标、筹备、冲刺；上市后则要面对更长久的艰巨考验，做好市值管理，不断地进行价值塑造、价值描述、价值传播，再到价值实现的全过程。

表1　董秘工作主线之上市筹备工作

三个基础性工作	战略梳理＋商业模式调整
	管理规范
	财务规范
五个实操性工作	股权重组（1. 合规性；2. 符合公司战略；3. 合理控制成本）
	股权激励（1. 内部公平性；2. 外部竞争性；3. 激励约束并存）
	私募融资（1. 标准；2. 估值；3. 股权稀释策略；4. 融资策略；5. 商务条件）
	中介机构选聘与管理
	上市资源储备

大量打算挂牌新三板的中小企业，首先要下功夫做好上市筹备工作，绝不仅仅是规范化的问题，而是借此契机解决企业未来成长的一系列重大关切问题，提早做长远准备。而对董秘来说，真正的挑战来自上市后，其工作主线就是维持好公司股价，心中始终有一张K线走势图，并适时进行相应的资

本运作，如增发、套现、投资、换股、并购、资产注入，集团公司与上市公司间的协同等。

许多时候，行动时机比行动更加重要。假定一家良性公司，一般情况下，基本面是稳定增长的，内在价值也是逐步增长的。受资本市场周期影响，市值和股价围绕内在价值上下波动，有波谷波峰，要经历牛熊市交替。周期过程中对应不同的资本运作时机。而资本运作一旦错过时机，要么难以完成，要么付出高额成本。

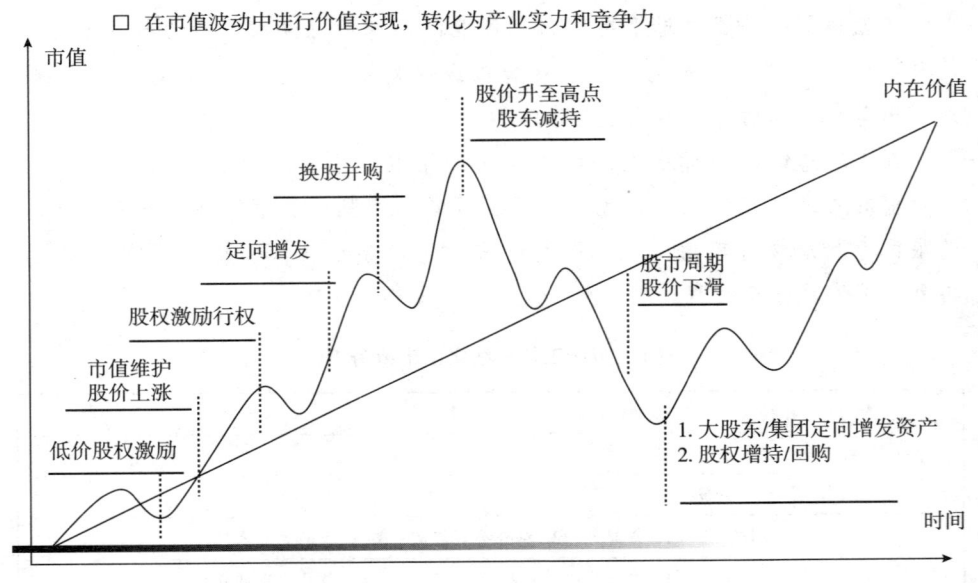

图1　董秘的行动时机与资本市场波动及周期

很少有老板能以市值管理的思路、投行家的标准跟董秘谈工作，往往只要求做到合规就行，这是令人遗憾的。董秘是一个深者做深、浅者做浅的职业，一个董秘所自持的专业使命、专业尊严、专业操守与专业美感就存在于这深浅之间。

三、董秘需具备复合式知识结构及兼顾悖论

对董秘来说,什么样的知识结构才能支撑起一个职业高手?以和君商学院十年的教学经验来看,只教知识是不够的,重要的是知识结构。尤其是在移动互联网时代,人们的学习行为已经不可避免地碎片化了。然而,一鳞半爪、一招一式的学习,可成为谈资,时有金句,甚至暂时解决问题,却难以形成一组思维方式,支撑一个职业高手的长期发展。

因此,自办学以来,和君商学院始终践行复合式知识结构的教学理念:国势+产业+管理+资本。如图2所示,我们观察到,处在知识交集地带的人才出职业高手的概率更大。尤其对志于投身商业实践的学生来说,真实的商业世界并无学科界限的人为划分,企业家需要的不是零部件思维,而是整车思维、道术混用。

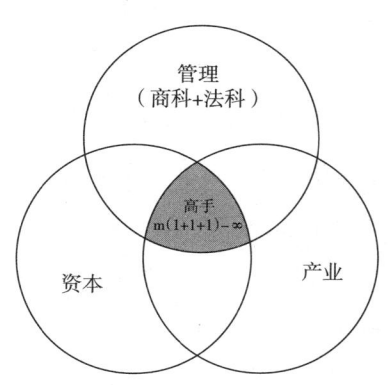

图2 和君商学院教学的知识结构示意图

董秘更是如此。董秘是一种典型的复合式人才,一个杰出董秘的思维方式类似于投行家,似与一切无关,又与一切有关。董秘的日常工作总是要同时考虑公司的基本面和市场面,从杰出董秘的眼光看出去,某种意义上,做好市值管理就是管理一个公司的一切。

同时我们注意到,对一个顶级高手的要求总是有兼顾悖论的特点。正如美国作家斯科特·菲茨杰拉德所说的:"检验一流智力的标准,就是在头脑中同时存在两种相反的想法但仍保持行动能力。"

杰出董秘就是这样,总是要不断切换思维频道、风格和状态。他既需要本本分分,做好合规性要求,又需要在某种时候敢于大开大合,展开动作,

甚至在资本市场上与狼共舞，但最后恪守底线，在市值波动中完成价值实现与回归，转化为产业实力和竞争力。

杰出董秘兼具专业技术与人际能力，其高水平之处体现在分寸感的拿捏上。他很擅于互换甲方与乙方的角色，站在别人的角度看问题，走到对面看自己，具有惊人的朴素的常识感，行事缜密，往往在空间维度和时间维度上拿捏得恰到好处。可以说，超级董秘就是超级的投行家、战略家、资源整合家、政治家。

有上市公司老板对和君讲，他终于搞懂了董秘是一个战略级的核心高管，而不是一个法务人员，不是每天只会跟老板说这也不能做，那也不能做，而是能帮老板补上资本经营的脑子，操心公司长远的未来的高管。如果只懂得处理合规性事务，反倒是耽误了公司的发展。

这两年，新三板市场蓬勃发展，对广大中小企业来说不啻于一次历史性的机遇，每个新三板挂牌公司都需要一位董秘，可以说，董秘在成长型民营企业中大显身手的时候到了。曾乔的《只有董秘才知道的新三板运作》出版得恰逢其时，相信这本书能帮到企业家和董秘。

借此，我想对那些志于攀登职业高峰的董秘们说——

做一个混日子的董秘很轻松，做一个进取型的杰出董秘很不易，但后者是一种人生选择与自我期许，终归是一场值得追随的长途跋涉！

丛龙峰　管理学博士
和君商学首席管理学家
2017 年 1 月 20 日于南开园

| 自　序 |

新三板将诞生新一代投资银行家

从2015年兴起以来，新三板市场经历了一轮大涨大跌，整个新三板的咨询、投行业务也开始出现一些变化，我们一直专注新三板市场。关于新三板市场的咨询业务机会，结合我自己观察一些现象以及思考，明显有几个特点。

判断一：新三板是个长尾市场

由于新三板挂牌公司基数极大，现在已突破10 000家，研究过程中发现，不同阶段的公司对应的需求差异非常大，2000亿市值和100万利润的公司同在一个市场：有净利润两三亿的公司，可以一年支出200万咨询费，也有净利润几百万无法负担高咨询费用的公司，且占比多数。对咨询而言，最重要的是什么？个人看法是：在成本可控的前提下，在长尾市场中识别有效需求。

判断二：新三板的专业人才极度匮乏

关于整个新三板的专业人才发育，董秘培训未来一定会从职业培训走向职业教育，直接为初高级人才甚至是大学生提供针对性的董秘职业教育，甚至持证上岗。一组简单的数据可供参考：全国执业证券分析师大概是2400多人，且众多大学有证券分析专业。但董秘这个职位，一万家新三板公司缺一万人，算上证代、投资经理、投资者关系专员等就是几万人的缺口，而且大多数人才不能完成自身专业能力的升级。我个人觉得，未来董秘会进入基础教育，这是个很好的创业机会。

判断三：未来两年会是新三板配套基础设施的高速成长期

未来两年会是新三板配套设施服务集中建设的两年。整个新三板以两年10倍的资产证券化速度在向前狂奔，2014年1000多家，2015年6000多家，2016年10 000家，在这样一个结构变化里，基础设施服务未能跟上。眼光拉长到两年的维度，这些基础设施一定会发育起来，包括培训、培训、媒体、财经公关、投行、量化投资、大宗交易、股权融资、结构化融资，并购基金，这一发育路径会是过去20多年A股的压缩版，而且是10倍快进速度，这些产业链环节里会出现各种优秀的服务机构。

判断四：新三板的咨询服务产品将更加碎片化，而且会根据专业进行细分

基于模块化的产品变得越来越快，以前可能一个大项目要做半年，半年里面有六个模块给客户服务，但在新三板上，很可能六个模块就是六个产品，可能六个模块打包的价格是100万元，但在新三板上产品化之后，每个产品可能就是20万元。在这样一个环境里面，快周转的轻咨询在新三板市场上将受到欢迎，包括董秘培训、年报服务等，也包括路演、PPT、媒体、研报、诊断，等等，也就是原来打包的Total Solution的咨询服务将被全部拆解掉。分析这种需求，这种模式在新三板市场上比在A股市场更有生命力。在新三板市场中，这些都能产品化，核心是当结构性的效率不足与断档时，明白自己Know-how的能力到底在哪里。

判断五：Total Solution解决方案的溢价能力会越来越强，且越来越强调落地实操

大多数新三板公司自己没有资本落地能力，而且这种Total Solution从解决方案来说，在下一个阶段的新三板咨询投行业务的需求变化中，解决方案越来越强调从理念过渡到实操，从实操到落地，从落地到资源。以前整个市场听一些咨询培训投行等机构讲讲理念，也能拿到一单两单，但是想持续拿到单子就变得很难。其实并不是整个市场不好，而是市场需求在变化。因为讲理念的咨询服务模式没有壁垒，基本是拼情商和见识。

判断六：新三板的咨询竞争将出现三个阶段

第一个是抢单子阶段，忽悠一套理念，比如新三板的市值管理，就好像客户要的是桃子，结果一堆中介机构拿了个橘子或者苹果过来跟他说，这就是桃子，这就是现在的新三板市场。现在的新三板市场上什么玩法都有，但主要还是抢单子忽悠理念的状态。第二个阶段，客户开始知道市值管理，他知道桃子长什么样了，他就开始不理那些卖苹果、卖橘子的，他开始找到卖桃子的人，多少钱一斤？这价格是高还是低？性价比怎么样？到底甜不甜？能不能给客户解决痛点需求就变得非常重要。第三个阶段，是完成组织化命题，完成有效咨询服务的放量输出。做咨询做到最后都是组织命题，新三板一定会出现一家很厉害的投行，但如果真的要出现一家新三板的华兴资本，一定是领头人完成了组织化命题的思考。

判断七："交易结构的设计能力＋价值发现"是新三板最核心的竞争能力，通道价值会减弱

新三板市场遇冷缩量，新三板企业作为并购标的是个很好的市场，就未来这半年到一年的时间，上市公司收新三板，新三板收新三板会非常频繁。虽然传统的投行业务结构对新三板有借鉴作用，但是传统投行的核心能力在当前的新三板环境下完全不匹配，本质是那套能力完全不匹配当前的需求，完全是另外一套核心能力。跳出牌照思维，完成业务的升维思考至关重要。

在这样的情境下，我们成立了君为资本，聚焦新三板企业的产融互动成长模式升级，致力于成为一家"能够分享新三板成长的，具备产融互动经营管理实操能力的实业型精品咨询投行"，真正帮助新三板企业完成产融互动的成长模式升级，并切实将产融互动经营体系的实践效果真实反映在实际的企业经营过程中，将思想理念转化为经营体系与能力。在这个过程中，通过成为这些新三板公司产融互动、二次创业、转型升级的资本合伙人，推动君为"赋能式"咨询投行，即 Co-building（共建）与 In-house（派驻）模式的落地，在新三板成长浪潮中，与优质客户共同成长，分享新三板成长红利。

君为资本没有扎眼的估值，没有华丽的资本运作，没有天马行空的商业模式，没有一年几十倍的爆发速度，没有靓丽的网络软文。我们有点传统，有点土，甚至有点笨拙，但是，我们回归于为客户提供价值这一商业的本质，始终相信并愿意为此而努力，埋下头去，苦干十年，在新三板最需要的地方，在商业生态的一线，造就一家有产业意义的公司！

感谢我的恩师王明夫先生，感谢和君管理研究院院长丛龙峰先生，是他们的鼓励和支持，让我有勇气和毅力将自己的想法表达出来。

要特别感谢我团队的刘新江、李园、黄尚进、李薇、李鹏、姜俊彬、石浩礼、肖天，他们承担了本书写作初期大量的工作，做出了巨大贡献，是他们的付出和努力成就了本书。

感谢所有信任和帮助过我们的人。

是为序。

曾 乔

2016年12月24日 平安夜

前往大连的飞机上

目 录
CONTENTS

引子　一个资本成长的大时代 …………………………………（ 1 ）

　　从中国版纳斯达克，到全球挂牌企业数量第一大交易所 ………（ 5 ）

第1章　知识结构：掌握证券市场的水性与特征 …………………（ 11 ）

　　熟知资本市场波动规律 …………………………………………（ 13 ）

　　A股规律 …………………………………………………………（ 15 ）

　　市值的宏观影响因素 ……………………………………………（ 18 ）

　　市值的微观影响因素 ……………………………………………（ 23 ）

第2章　顶层设计：董秘的定调职能 ………………………………（ 37 ）

　　年薪千万港元的董秘 ……………………………………………（ 40 ）

　　新三板的产融互动理论 …………………………………………（ 44 ）

　　董秘职能顶层设计 ………………………………………………（ 60 ）

　　以终为始，找到董秘工作落地的主线目标 ……………………（ 61 ）

第3章　产业战略：充任产融互动的核心角色 ……………………（ 63 ）

　　上市公司战略设计的"速度感" ………………………………（ 66 ）

　　企业竞争路径的两个核心 ………………………………………（ 67 ）

第4章 投资银行：熟知投行工具，优化交易结构 （77）

　　熟知常用投行工具，优化交易结构设计 （79）

　　再融资是新三板资源分配的分水岭 （83）

　　延伸阅读：新三板定增之最摘录 （93）

　　2016年是新三板的并购年 （95）

第5章 信息披露：合法合规与市场互动 （105）

　　信息披露要点 （107）

　　临时公告 （113）

　　信息披露基本原则 （119）

　　日常业务办理工作指南 （120）

第6章 4R关系：把握投资者关系管理模型 （137）

　　董秘所处的资本生态——现代企业成长之路 （139）

　　"到底谁是庄家？"——A股各类投资者占比 （140）

　　4R关系详解 （141）

　　再谈新三板的中介生态与机会："从1000到10 000"的连锁反应 （142）

　　关系管理举例 （150）

　　投资者关系管理核心是数据分析 （152）

第7章 路演传播：聪明的价值传播 （155）

　　路演大有学问 （157）

　　路演传播四大核心原则 （159）

　　路演与价值传播：让投资者认识公司价值 （161）

　　一个实操案例 （162）

目 录

第 8 章　预期管理：上市公司市值波动的最直接因素 ……（165）

　　预期管理的核心原则 ……（167）

　　资本市场预期潜规则 ……（169）

　　预期管理的打法与策略 ……（172）

第 9 章　虚实结合："把自己炼进剑里" ……（175）

　　关于企业家精神 ……（177）

　　投资是右脑的艺术 ……（179）

第 10 章　组织队伍：让专业的人专业地做事 ……（183）

　　重点在于建立长效工作机制 ……（185）

　　强力董办具备的三方面素质 ……（187）

　　董办就是上市公司的私人投资银行 ……（189）

第 11 章　合法合规 ……（191）

　　新三板监管关键三条红线 ……（194）

　　新三板违规案例面面观 ……（196）

　　已挂牌企业规范性问题解析 ……（200）

　　其他信息披露问题 ……（203）

　　违规处分情况 ……（205）

　　新三板相关法律法规摘编 ……（206）

后　记　无关风月，还原一个真实的新三板市场 ……（215）

引 子
一个资本成长的大时代

2015年12月31日，一个看似普通的日子，对新三板从业者来说却意味良多，这一天，新三板全年融资额达到1216亿元，首次超越创业板融资额（1156亿元），成为名副其实的中小企业第一融资市场。

回看过去，新三板几年以来始终都在质疑中坚毅前行。我们认为，整个国内资本市场改革加速从2012年开始，五年以来金融创新不断。分析中国证券市场的产业结构，整个国内资本市场的建设将围绕三大方向升级，即经纪业务平台、资产管理平台、投融资交易平台。

这三个平台，经纪业务连接投资者，重心是围绕投资者展开服务；资产管理的本质是资金调度，重心在于财富管理与资产配置。随着国内居民投资的需求不断升级，资产管理规模持续放大，市场需要更多的投资标的及产品提供商，进而带动国内资产管理机构转型。近两年，基金管理公司的设立审批明显提速（2016年略有收紧），其他金融机构对资产管理领域的布局也在加速。

投融资交易对接资产与股权端，对应整个证券市场的有价资产，使得投资者、资金、被投资标的（企业股权、债券）能够完美匹配。国内中小企业的投融资交易平台在证券市场中一直处于落后状态，我们预判，因为供给的落后与经济转型压力的需求，从场外到场内、从非标化到标准化演进的投融资交易平台将大力推动整个多层次资本市场建设。

从两个角度能够很好地理解投融资业务的重要性。一方面，从投资理财的角度，在目前流动性极其自由的环境里，资产配置与保值增值变成了全民性主题。随着行业准入门槛、机构设立审批、投资标的范围等相关政策进一步开放，以基金管理公司为首的资产管理机构的数量与规模将继续放大。而大量的资金配置需求需要找到足够多的资产才能够平衡，否则就只能进入其他市场（如房地产、农产品等）推高交易物的价格。另一方面，宏观经济转型压力下，必须有足够的资金为转型升级提供"弹药"，且其中的关键是社会资本的进入。多数企业都不可能以现有能力与资源在短时间内完成转型升级的跃迁，这时就需要政府做好资金的引导工作，把资本的水引流到缺乏资金滋养又能够成长的地方，即产业市场。在这个牵引的过程中，要发挥好专业金融机构的专业价值判断功能。在这两大因素的作用下，整个国内金融产业的混业趋势明显化，又使得国内金融资产重构加速，银行存款逐步流向证券、信托、保险等行业，加剧不同金融机构之间的竞争。

我们对比了海外成熟交易所的资本市场结构与国内的差异，长期看，"投融资交易平台"在未来证券IT市场规模中的占比可能达到60%。这意味着，过往以经纪业务、资产管理业务、投行业务为标准划定行业格局的证券市场可能被重构，而其中最大的机会来自新三板市场。新三板以自身独特的方式推进着自己在投资者、中介机构以及企业端的角色变换。

我们正处在一个激流汹涌的资本成长的大时代，见证了一个多年不温不火的市场中巨人拔地而起，新三板设立后即掀起上市热潮：挂牌企业总数从2013年的356家到2014年的1572家，再到2015年的5129家，正一路狂奔向10 000家。其对应的市值，也在两年的时间里，从500多亿元到4500多亿元，直奔2.5万亿元。这也许是在国内经济转型换挡期的新常态下才能看到的资本壮举：两年时间，十倍级的资产证券化速度，一个非主流的资本市场以自身的强势壮大活生生地造出了一个资本市场的奇迹。

但在这样一个十倍级成长速度的市场里，波澜壮阔的背后，一定也会有乱象丛生、引发非议的一面：新三板生态中各个角色的不适应与不匹配，迷茫与混沌，甚至是乱象与不透明。

"让恺撒的归恺撒，让上帝的归上帝"。在这里，有成立不到10年的普通私募（PE）快速成长为千亿市值大金融资管平台的神奇逆袭，也有各类企业操纵股价的不合法行为。但是，注册制的新三板给中国资本市场带来了一缕清风，在失去了股票供给的保护后，变成了市场抉择的游戏。纵观资本市场发展历史，没有一次所谓的成功是无瑕疵的，也没有一次所谓的奇迹是有百利而无一害的。我们需要客观地看待新三板在当前资本市场中所扮演的角色，看待新三板在当前经济新常态下中小企业转型中所扮演的角色。

风起于青萍之末。新三板的变化带来了资本成长大时代的一个个机会，为众多企业提供了逆袭的通道与弯道超车的机会，甚至为一些产业的未来王者提供了大开大合趁势而起的时机。在服务客户的过程中，我们发现，在国内众多的行业中，或多或少都存在无力仅通过产品或经营推动所谓的产业整合的问题，但是新三板的到来就像阳光一样穿透了行业整合的阴云。最终人们发现，新三板提供了一个温床——一个孵化企业家的温床，一个真正推动产业整合的温床。

我们很庆幸，身处这样一个资本成长的大时代，一个新三板的大时代里。

从中国版纳斯达克，到全球挂牌企业数量第一大交易所

2015年12月31日，新三板挂牌企业数量达到5129家，成为全球挂牌企业数量最多的交易所。新三板自诞生那一刻起，就一直被赋予了一个身份——中国的纳斯达克。不管两者是否具备直接可比性，投资者总爱用这样一个定位来表达他们对新三板的期许。

那个众所周知的 NASDAQ

纳斯达克（NASDAQ）成立于 1971 年 2 月，成立之初是为硅谷中小创业企业获得到投资后做统一的备案，起初甚至不具备报价信息的实时更新与交易功能，只是具备聚合大部分已融资企业的电子交易信息的功能。

起步期的纳斯达克中，多数为刚刚拿到投资的中小企业，没有明星级的大体量公司，没有流动性，没有活跃的投资者。幸运的是，整个纳斯达克挂牌企业的主流公司，多数集中在科技创新、电子信息等一大批代表当时美国未来经济希望的行业。经过将近 10 年的寂寞等待，20 世纪 80 年代，美国个人电脑时代到来，互联网和 IT 产业软件、硬件、内容、服务等相关公司成了明星，纳斯达克因为有一大批代表新经济的高成长明星企业，如微软、甲骨文、思科、雅虎等，逐渐被赋予新兴产业孵化器的角色。

伴随明星企业的崛起与新一轮新兴企业上市的增多，纳斯达克进行了第一次分层，将整个市场分为全国市场与常规市场，并开始加强公众企业的监管要求，如强制性信息披露和规范性公司治理。

2006 年，在成立后的第 35 年，纳斯达克成功超越纽交所，实现"全球最大的交易市场"的超越。这时纳斯达克再一次强化市场监管，将整个市场分为三层：纳斯达克全球精选市场（Global Select）、纳斯达克全球市场（Global）、纳斯达克资本市场（Capital），并针对新经济企业的成长特性对财务挂牌条件做了相应调整。

到 2015 年年底，全球前十大市值企业中，纳斯达克挂牌企业占据 5 席，并有一批大家熟悉的偶像级企业，如微软、英特尔、苹果、谷歌、思科、ARM、Facebook、亚马逊等。

硬币的另外一面

作为全球主流、成熟、一线的证券交易市场,纳斯达克也存在着另一面。我们从市值规模、流动性、摘牌企业净增长数量等方面对纳斯达克进行跟踪。

截至 2015 年年底,从市值规模看,纳斯达克全市场总市值大概只有 57 万亿元人民币,相比纽交所 150 万亿元人民币总市值仍有差距。从公司市值规模结构看,市值超千亿元人民币的公司仅占纳斯达克市场公司数量的 3.5% 左右,其中最大的公司占据 7% 的市场市值,前 5 名占 27%,前 10 名占 36%,前 100 名占据了 72%。什么意思呢?市值前 100 名的公司占据了 50 万亿元市值的七成,可以说纳斯达克已经是一个资金资源高度集中在少数公司的市场。从整体市场市值分布结构看,Global Select、Global、Capital 三个层级对应的挂牌企业数量分别是 1498 家、447 家、669 家,数量占比分别为 57%、17%、26%,市值分布则为 8.6 万亿美元、0.1 万亿美元、0.08 万亿美元,数量匹配与市值匹配明显呈现非线性关系。

从挂牌企业净增长数量看,1985 年到 2008 年这 20 多年,11 000 多家企业实现 IPO,12 000 家企业退市与摘牌(含被并购),挂牌企业净增长数量是负的。整个市场的挂牌企业数量基本保持稳定,一方面是纳斯达克强化监管带来了相对高的上市公司挂牌交易成本,不符合监管需求的企业只能退市或者摘牌,另一方面,是"持续保持挂牌企业整体质量并让市场自由完成资源匹配"成了纳斯达克的管理宗旨。

中国版注册制造就"全球挂牌企业数量第一大交易所"

大家都在说新三板和主板是完全不同的市场,能列出非常多的区别,但我们认为新三板和主板本质的区别只有一点，就是发行体制的变化。发行体制的变化会引发链式反应，比如，低门槛给予所有想上新三板的公司挂牌的机会，只有企业愿意不愿意的问题。

大批企业家发现新三板有政策红利，或者听说新三板环境不错，可以融到钱，纷纷挂牌新三板。我们判断，新三板公司在2016年底大概率能超过10 000家①。我们2015年统计跟踪了各地的金融办、证券公司的投行部门、在金融办立案辅导的公司加上证券公司已经进场立项的公司，包括2015年底已挂牌的5000家，一共有12 000家到13 000家，数量足以支撑2016年底10 000家挂牌公司。

关于新三板未来的几个判断

研究纳斯达克的演进路线，可以为新三板提供借鉴。关于新三板的未来，我们有几个预判：

第一，新三板整体性交易清淡将常态化。多数人认为当前新三板还在发展过程中，所以导致目前的流动性困局，但我们认为，即使未来新三板分层政策出台，也不能改善整体流动性的清淡，流动性仍将会被集中配置到少部分优质的新三板挂牌企业。总体来看，我们认为新三板流动性将呈现结构性分布，交易清淡会是常态，分层政策落地后仍会出现创新层的流动性不均匀分布情况，而非创新层的企业整体流动性则会更差。

第二，新三板的上市成本会显著提高，主动退市将逐渐普遍。随着挂牌的显性与隐形成本逐步变高，未来寻求主动退市的公司将会越来越多。很多公司会发现上市以后融不到资，但是信息披露成本、税负成本等合规性成本

---

① 此文定稿于2016年9月底。2016年12月19日，新三板挂牌企业数量达到10 000家。——编者注

相比挂牌前将显著增加。在这样的背景下，对不能完成融资、不受资本市场认可的公司，挂牌成本会非常高，主动退市将成为这类公司的出路之一。在这种状况下，市场会发生传导效应，在加大供给、加强淘洗的过程中，新三板的壳价值也会一步步减弱，很可能在2016年非创新层的新三板壳资源的价格会大幅下降。

第三，10 000家挂牌企业数将成为分水岭，未来新三板内部整合也会成为常态。目前看，2016年会是新三板挂牌数量的最后加速期，在新三板数量到达一定规模而显著出现估值与流动性的结构化后，新三板会成为被整合的天然市场，一大批已经做好审计的企业因为没有交易量、没有融资成功而最终选择被并购退出。2015年，新三板出现了各类标志性的并购事件，如新三板收购A股案例（和君商学收购汇冠股份）、新三板收购港股案例（体育之窗收购联众游戏）、新三板收购纳斯达克案例（百合网并购世纪佳缘）。目前已有大量新三板内部参股的案例，我们判断将很快出现新三板并购新三板的案例。

第 **1** 章

知识结构：掌握证券市场的水性与特征

怎么样才能在狼烟四起的资本市场中对资本运营驾轻就熟？怎么才能在狂沙漫卷的资本经营中为新三板企业保驾护航？好董秘的尚方宝剑与锦囊妙计是什么？

熟知资本市场波动规律

董秘作为新三板上市公司的资本运营负责人，每天所应对的工作与业务经营部分有所不同，知识结构与其他高管相比有显著区别。大量的项目证明，很多董秘一心想要在新三板为公司攻城略地，却连股票涨跌也搞不清楚。

因为不懂股票市场的水性与规律，很多董秘误判自身企业的股价涨跌，踩错资本运作的布局与节奏等，造成各种直接或间接的损失。我们惊奇地发现，很多董秘犯下常识性错误的原因是他们根本没有接触过股票市场，甚至不懂股票。

我们在接触客户的过程中，常听到新三板客户反映自己公司的股票K线上上下下，认为股票能涨的时候并没有涨，认为股票可能要跌的时候反而又不跌。一是并不能够清晰全面地认识影响市值涨跌的各个因素，二是不清楚到底什么样的动作能够改进企业市值。

很多新三板企业家对新三板的定价机制与逻辑并没有全面的认识，只能直观地感受到企业市值被高估或者被低估。比如新三板的做市选择与结构问题，影响做市估值的因素包括做市时点、做市商对象、做市商数量、做市商的持股安排、做市后的交易安排等，多要素决定与做市商的价格谈判。如果做市商的数量少、竞争程度不够，在企业定价上相对的话语权就比较强。企业进行做市交易时做市商的选择就不应该一味求多，应根据企业规模及自身特点选择适合自身数量的做市商，根据自身情况采取不同策略。因此，在与做市商的博弈与平衡中维持好企业自身市值是一个非常重要的命题。

2015年6月底，A股经历了一次摧枯拉朽的股票跌停潮，整个股灾经过堪称惊心动魄。6月19号，沪指大跌6.42%，3个交易日内，在小幅反弹5%后再次暴跌超过13%，从6月15号到7月8号，短短17个交易日内，跌幅超过30%，从5100点跌至3500点。虽然经历了政府强势救市，却仍然无法挽救千股跌停的局面。其中发现，在大盘暴跌的过程中，不少上市公司纷纷增持或回购股票，认为这是一次千载难逢的机会，却往往将时机踩在了下跌的中继反弹上，因为大盘的持续下挫，增持的上市公司纷纷受损，甚至导致控制权变更等。究其原因，资本市场的水性是决定上市公司能否踩对资本节奏的核心要素。那什么是水性呢？这就依赖于董秘对资本市场的感觉，是董秘对股票走势的预判。

一个董秘要掌握证券市场的水性与特征，首先应该建立关于股票的常识与规律。尤其是目前的新三板和A股，它们都有自身独特的市场运行规律和估值的逻辑，熟悉资本市场的波动规律是董秘做好新三板公司资本经营工作的首要任务。只有懂得规律、认识规律、把握规律，才能帮助上市公司对证券市场环境的变化做出预判，并启动各种应急方案。

目前新三板流动性相对紧缺，二级市场交易层面属性反应并不十分明显，但一定程度上与A股有联动效应，所以A股的规律一定程度上能够为新三板提供借鉴。

A 股规律

那么对 A 股来说,有哪些自身特殊的运行规律呢?我们举几个简单的例子。

A 股规律 1:铁打的"A 股",流水的"板块"——行业偏好规律

A 股热点年年都有,每年偏好各不相同,但总体看来,某些行业在 A 股市场总能享受持续性的估值溢价。行业估值的高低是 A 股自身的特性,以下为我们总结的目前 A 股各种行业所对应的市盈率水平(见表 1-1)。

表 1-1 A 股各种行业所对应的市盈率水平(2013~2015 年)

行业分类	2013 年净利润增速	2014 年净利润增速	2015 年净利润增速	2013 年 PE(TTM)	2014 年 PE(TTM)	2015 年 PE(TTM)
农林牧渔	-24%	24%	39%	62.71	76.62	77.11
采掘	-7%	-23%	-78%	11.63	20.79	80.50
化工	7%	-24%	-4%	17.22	31.20	46.52
钢铁	-190%	26%	-794%	56.06	80.49	-12.73
有色金属	41%	-99%	-271%	39.64	-4025.80	-2960.15
电子	52%	5%	7%	45.37	52.63	86.74
汽车	34%	14%	13%	14.53	17.34	23.94
家用电器	35%	30%	-4%	15.28	14.56	24.20
食品饮料	-4%	-8%	7%	17.99	23.97	29.73
纺织服装	9%	20%	4%	21.32	26.01	47.75
轻工制造	4%	9%	38%	40.55	48.04	66.92
医药生物	16%	17%	17%	36.74	37.87	53.66
公用事业	45%	13%	15%	13.75	20.17	23.18
交通运输	0%	43%	4%	18.97	22.51	28.83
房地产	16%	6%	7%	11.34	19.52	29.68

续表

行业分类	2013年净利润增速	2014年净利润增速	2015年净利润增速	2013年PE(TTM)	2014年PE(TTM)	2015年PE(TTM)
商业贸易	11%	-4%	-31%	24.03	33.27	77.02
休闲服务	-11%	-16%	86%	43.02	71.64	72.93
银行	13%	8%	2%	4.81	7.08	6.57
综合	-40%	56%	-18%	67.05	62.97	136.46
建筑材料	47%	-5%	-40%	15.56	23.88	53.73
建筑装饰	34%	12%	11%	9.20	17.90	19.25
电气设备	1%	97%	-1%	61.77	40.19	70.58
机械设备	-14%	-12%	-16%	30.61	51.24	102.61
国防军工	-6%	-27%	-169%	63.69	156.36	-280.29
计算机	26%	25%	15%	43.91	50.36	92.12
传媒	26%	35%	53%	48.71	48.00	73.87
通信	74%	63%	12%	39.31	44.31	65.17
非银金融	55%	58%	79%	19.48	28.89	15.65

数据来源：Wind（万得资讯），市盈率计算采用整体法

A股规律2：拔出萝卜带出泥——热点传导规律

对流动性较好的A股，不同的热点概念存在着不同的传导路径，比如2012年重庆啤酒因乙肝疫苗项目实验效果无效，出现连续9次一字跌停，那段时间，生物医药板块大部分个股都表现不好，尤其是疫苗板块，也跟着跌停，大部分都有2%~5%的跌幅。

A股的传导操作路径是怎样的呢？我们以一个案例来解释：

2013年8月22日，上海自由贸易试验区经国务院正式批准设立，位于上海自贸区的外高桥连续12个涨停，上海本地板块逐渐发酵，新世界、爱建股份、豫园商城等个股大涨。

9月9日，传出广东自贸区初步方案已经成形将报送国务院进行审批的消息，广东自贸区概念全线大涨，中远航运、沙河股份、盐田港等多只个股

涨停。

10月8日，传出天津滨海新区自贸区方案已向国务院进行申报的消息，天津自贸区概念大涨，天津港、天津海运等多只个股涨停。随着内地自贸区概念的延伸，大连港、连云港、厦门港务、天津港、宁波港等多只港口贸易股相继大涨。

持续跟踪市场不难发现，整个市场传递存在内在的逻辑，从上海自贸区——上海本地板块——××自贸区——港口贸易，就好像一颗石子投到水面，在水中泛起的波纹前后关联、若隐若现。

董秘对市场的这种传导路径要非常明了，一个利好或者一个利空很可能经过一次到两次传播就折射到自己公司的股票上。这种情况下，一定要对二级市场的传递和波动存在预判并及时应对。

A股规律3：风水轮流转，资金在谁家？——板块轮动规律

如果以年为单位，会发现很多板块都存在周期重复运动——以产业背景作为触发要素每年产生相应的波动，长此以往便形成了A股特有的自身规律，比如，重组和炒新是永恒的主题；每年的年报和季报行情；年底基金行情、新财富行情。

我们从微博摘抄了一段"炒股四季歌"，能够很好地说明A股每年的固有规律："冬炒煤来夏炒电，五一十一旅游见，逢年过节有烟酒，两会环保新能源；航空造纸人民币，通胀保值就买地，战争黄金和军工，加息银行最受益；地震灾害炒水泥，工程机械亦可取，市场商品热追捧，上下游厂寻踪迹；年报季报细分析，其中自有颜如玉，国际股市能提气，我党路线勿放弃。"

细细品读这一段"炒股四季歌"，每句话都有自身的产业逻辑。比如"冬炒煤来夏炒电"，从目前国内的能源产业结构——冬天供暖长期依赖煤炭来

看，冬天对煤炭的需求存在峰值，而夏天制冷型的电器相对较多，相对耗电量是高峰，在A股中直接或间接影响相关能源产业上下游企业的潜在盈利情况。

如"逢年过节有烟酒"，对于消费型行业来说，节假日是刺激消费需求的一个核心时间点。一般来说，一个公司一季度的业绩占比一般为全年的1/4或更少，但白酒行业的一季度业绩要占比全年业绩将近1/3，因此白酒行业全年好坏关键看一季度表现，直接决定白酒行业全年的盈利水平，进而影响市场预期，影响股票表现。

再如"两会环保新能源"，每年两会前后是政策颁布的高发期，几乎每年两会都有关于扶持产业的行业政策出台，环保行业和新能源产业是政策扶持的重要行业。回顾最近两年市场表现，二三月份几乎都是环保行业全年股票市场表现活跃的周期。

以上所列举的都是A股市场的特性与规律，证券市场博大精深，以上只是冰山一角、管中窥豹，但能够牵引我们对股票市场的思考，引发我们对证券的认识，从而建立对市场、对市值的认识。

从严谨的理论体系来看，影响市值的因素到底是什么呢？我们把整体的影响因素分为宏观层面与微观层面两个大的层面。

市值的宏观影响因素

资本市场周期：决定市值的最大权重因素

证券市场的波动代表市场整体的周期变换，这是对公司市值影响最大的要素，甚至有人说市场宏观的影响占据了个股市值影响80%以上的权重。资

第1章 知识结构：掌握证券市场的水性与特征

本市场的波动周期决定了大多数公司的市值规模与估值水平，熊市来临时，中小企业市值规模中枢能够跌至 50 亿元人民币以下，牛市环境中，同样的企业样本市值规模中枢能超过 100 亿元人民币，可以说股市的周期对企业市值的影响是决定性的。

整个中国 A 股至今经历了九次大的牛熊周期的转换，有人认为 A 股的大起大落是因为其自身不成熟，甚至极端地认为 A 股没有前途，但是美股历史上也同样经历过资本市场周期的转换。

19 世纪末几乎是铁路股的时代，道指成分股 11 只最重要股票中 9 只是铁路股；20 世纪 20 年代钢铁股、汽车股风行，但随之而来的即是 1929～1933 年的全球经济大萧条。二战后再次面临经济危机，但随后迎来了 50 年代整个美国铝工业的兴起。60 年代，电子工业股、半导体股、塑料股被热炒，在电子概念股狂飙中，多年来传统的 5～10 倍市盈率规则被打破，电子概念股的市盈率直冲 50～1000 倍（1961 年数据控制公司的市盈率达 200 多倍，经营稳健的 IBM 和得克萨斯仪器公司的市盈率也达到 80 多倍，施乐股价甚至达到 1300 美元/股，大量公司在名称加上后缀"trons"）。70 年代，绩优股和石油股表现抢眼，价值投资开始进入主流投资路线，当时美国"漂亮 50"的股票市盈率平均水平达到 40 倍以上，例如 IBM、施乐、柯达、麦当劳、迪士尼等，但随之而来的就是 1973～1975 年的石油危机，泡沫破裂；80 年代，生物制药股和房地产股涨幅居前，犹如 60 年代的电子概念股，Genentech 作为这个产业中最有实力的企业，于 1980 年上市，在开盘 20 分钟内股价上涨了三倍。一些生物技术的市值可以卖到销售额的 50 倍，但随后遭遇了 1987 年的黑色星期一，美股单日暴跌 22.61%。90 年代后半期，高科技股和网络股满天飞，随后又是 2001 年的互联网泡沫破裂、阿根廷银行业危机。进入 2000 年后，美股再次回到慢牛周期，直到 2008 年的次贷危机，美国股市跌幅达到 51.75%（2007 年 10 月 11 日，道指最高点 14 198，2009 年 3 月 6 日，道指达到最低点6469），但随后美国的一系列政策整合与创新产业兴起带来了新一轮经济增长，美股再创新高，连续7年慢牛行情直至今日。

任何一个市场都是人性在K线中的折射与聚集，波动与周期永远是资本市场的主题。作为一个合格的基金经理，从专业投资的角度，其核心职责之一就是在每年年底预判第二年的资本市场周期，以此决定其整体的仓位水平和节奏，也就是常说的"选时"，这对基金整体收益的权重影响甚至超过70%；而对个股的选择，也就是"选股或选公司"，对业绩的影响权重其实非常小，甚至可能只有10%左右。这也一定程度上决定了基金经理选择公司的逻辑和角度必然与企业家有所不同。

资本市场选择：决定估值中枢与特性的要素

2014年下半年以来，拆VIE（Variable Interest Entities，可变利益实体）成了资本市场的一大主流热点之一，资本豪杰纷纷抢滩。"分众传媒"和"巨人网络"的私有化退市与拆VIE回归A股带来的巨大财富效应引起中概股和港股回归浪潮。回归本质，其核心利用的是不同资本市场对同一资产的定价差异进行套利，这就引发了对市值的第二个影响因素的讨论，即资本市场选择。

不同交易所的估值偏好与上市规则直接影响上市企业的市值水平。一个企业在选择资本市场的时候主要考虑四个方面的因素：

一是估值水平，这是最应该优先考虑的因素。由于A股当前所处阶段、投资者结构与国外成熟市场存在着巨大的差异，以计算机、文化传媒为代表的行业估值数倍高于中概股和港股（见图1-1）。对比中概股和A股行业龙头市场表现，不同领域龙头的市值差距非常明显。CDN/云计算领域的中概股蓝汛市值才13亿元，A股的网宿科技市值459亿元，网宿科技是蓝汛市值的35倍；互联网金融领域的东方财富市值1073亿元，金融界市值才6亿元，东方财富市值是金融界的179倍。

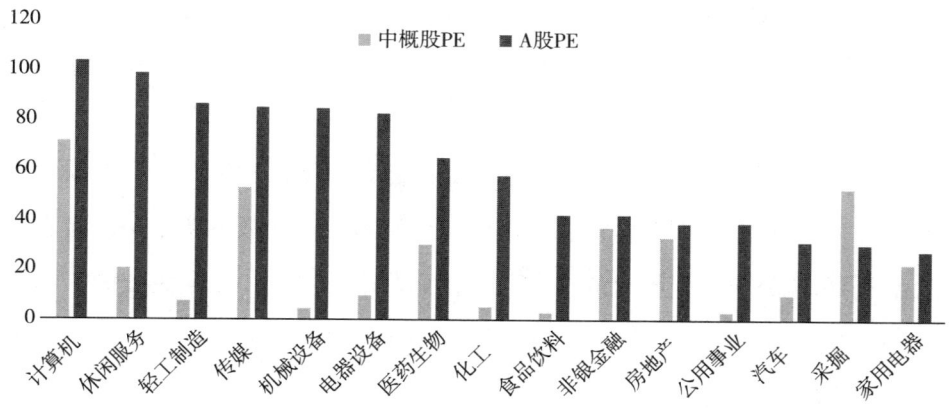

图 1-1 A股与中概股 PE 对比

二是上市的综合成本，包含显性成本和隐性成本。显性成本包括上市过程中投行、律师、会计师的中介费用，还包括补税、员工保障等规范性成本，甚至还包括为了实现上市而添加的一些隐性成本，比如冲击业务规模，注销公司等；挂牌后，还有常年的审计费用、律师费用、信息披露费用、再融资和并购的相关税费等。相比之下，在纽约上市的显性综合成本是最高的：上市还包括隐形成本，如上市的时间、上市失败的风险、政策管制的风险（如暂停IPO、暂停再融资、暂停大股东减持等），以及上市后投资者的沟通与商业价值认同问题、投资者成熟度问题以及中介机构服务的成熟度问题产生的相关成本。这些成本都不是纸面上能够看到的，却又真真切切影响着未来资本经营开展。

三是流动性与换手率。流动性对于股票的定价功能有着决定性的影响，只有经过有效成交量验证的股票价格，一定程度上才能被称为公允价格。但是过高和过低的流动性都对市值的长期稳定有不利的影响，2015年中国创业板整体换手率达1269%，这意味着在外流通的每一张股票几乎每个月都被换手了一次，这对市值的长期稳定是非常不利的，所以创业板2015年经历了一波大起大落，全年最高涨幅183%（自2015年1月5日1429点涨至6月5日4037.96点），随后跌幅超过56%，9月2日跌至1779点。

四是对业务经营的背书作用。如果企业的战略目标是走向全球化发展阶段，在纽约上市对在全球范围内赢得公信力是有帮助的，可以重点考虑海外市场上市，或者分拆子业务海外上市。

一些国内公司到海外上市，往往可能是因为以下三种情况：一是国内行业政策对某些行业上市有管制或者尚未对外资放开，如教育产业，或者当时产业发展阶段还未达到国内的上市标准，如互联网产业；二是企业的实际控制人希望获得外资身份，想移民海外，这与老板的个人诉求有关；三是被中介机构"忽悠"去了海外，尤其是到一些非主流的资本市场上市的企业。很多企业家都是产业精英，但资本市场方面的知识和认识相对薄弱。

不同的市场估值水平不同，转换市场会增加某些资产的市值，所以拆VIE回归A股成了当前主流。暴风科技拆VIE回归A股，从挂牌到最高点连续29个涨停，市值一度高达369亿元，暴风科技从一个二线视频公司摇身一变成了一线市值规模的互联网内容公司。

回想2005年，腾讯盈利不算好，股价才四港元。当时有一份港股研报的标题为"Tencent，Ten dollar"，香港投资界看了这篇文章都很震惊，但腾讯股价在市场一片质疑声中很快触及70港元，成为香港市场的明星企业。

2013年8月5日，微信5.0登陆App Store，增加或强化了微信支付、游戏平台、公众平台、扫一扫等诸多功能，其重点在于移动支付、手机游戏和O2O，标志着微信商业化进程的开启。截止到2015年12月31日，收盘价152.5港元，总市值14 341亿港元，净资产1457亿港元，平均市盈率10倍，2014年净利润302亿港元，静态市盈率47倍，其中2015年以来股价最高上涨34.36%。

近年来，交易所之间也发生了一系列的并购，澳大利亚交易所并购新加坡交易所，泛欧交易所与纽交所完成合并。香港交易所近年来的国际地位也出现了一定程度的下降，这与它本身的定位与政治经济环境密不可分。再如东京、韩国、澳大利亚、法兰克福等各大交易所，在目前国际政治经济环境极其不稳定的情况下，普遍都看不到非常明朗的机会与出路。过去纽交所稳坐世界头把交椅，近年也被科技创新企业为代表的纳斯达克所替代。从长期看，新三板的股转中心未来可能会是各大交易所中亮眼的明星，背靠整个中国基层的中小企业群体，新三板的5000家挂牌企业只是一个起点，在技术和整个中国产业经济做支撑的情况下，一定会出现一大批明星级企业。

仅仅知道A股的涨跌逻辑与规律，还远远无法达到一个合格董秘的要求。作为金牌董秘，除了了解把握市场规律，还应该能够从专业的角度理解到底哪些因素直接或间接影响市值的高低。

市值的微观影响因素

微观层面，影响上市公司市值最重要的是两个逻辑：一个是公司自身内部的因素，我们对它们做了归纳，叫做"九因素模型"；另一个则是基于企业内部价值的传导逻辑在资本市场上的体现，我们称之为"价值传递模型"，这两个模型是微观判断最常用也是最具备实际指导意义的模型。

九因素模型：市值诊断的利器

因素1：财务报表——财务数据是会说话的

业绩毫无疑问是影响市值的最直接因素之一，不管是新三板还是主板，在目前国内以市盈率为基础的估值体系中，核心的估值逻辑与估值假设前提还是以利润为核心指标。有些公司业绩非常好，为什么市值一直上不去？资本市场的逻辑本质不是看业绩本身的好坏，而是看重业绩增长潜力，对应的财务指标不是净利率或者净利润，而是净利润在未来可预期的同比增长率，净利润的增速比净利润本身的意义要重要得多。

在这样的逻辑前提下，对应上市公司或者新三板公司，财务报表应有不同的侧重与体现：

第一，财务报表节奏策略；第二，财务结构组成；第三，财务的历史业绩；第四，未来业绩的预期增长；第五，财务质地的成色；第六，非经常性损益的调节。

这些方面直接或间接影响投资者对一家上市公司本身价值的看法，有的影响短期，有的影响长期。而在不同的市场环境中，有时相对看重历史业绩的佐证，有时又看重未来业绩的弹性。再者，公司的收入确认原则、成本确认原则、摊销折旧、费用的提前或置后、费用的资本化、投资收益的处置，都与报表本身的节奏和策略息息相关，而这些都是影响估值和市值最直接的因素。

因素2：所属行业——从开始就决定了估值的基因

不同行业对应不同的估值水平。行业的估值差异应该分为两个层面：第一个层面是系统性的行业估值差异，比如不考虑重组的因素，钢铁行业目前在A股的市盈率估值水平基本处于10倍左右，但是文化传媒互联网等行业平均市盈率都在70~80倍以上。

另一个层面是结构性的估值差异。举个例子，目前汽车行业在A股的估值普遍不算太高，这是由行业本身的发展阶段决定的。汽车产业在我国经历了两轮成长高峰期，第一轮是2004~2005年，核心背景是中国加入WTO开放了汽车行业，但外资整个进入国内之后，国内汽车产业不但没被打垮，最后还实现了崛起，并推动国内第一轮私家车的普及。第二轮高峰是2009~2010年，当时的产业背景是2008年金融危机，为了救市，推动了四万亿投资以及一系列的刺激政策落地，其中很重要的一条就是汽车补贴与汽车下乡。但是汽车是耐耗品，其需求特性导致消费需求被提前释放而不是刺激与放大，即本来几年的买车需求因为补贴而提前释放，是需求被前置了，而非创造了需求。

经过两轮增长高峰后,国内汽车行业整体增速已经接近低速增长状态,2011年至2012年整体的汽车销量增速甚至不及全国GDP的增长速度。从行业整体增长速度看,这不是一个朝阳行业,行业整体的市盈率估值水平也不高。但深入汽车产业仔细分析产业链的结构性增长机会,可以观察到,SUV车型的整体增速高于汽车行业整体增速。我们做过一个小范围调研,国内家庭购置第二辆车时,选择SUV的概率超过70%。

进一步分析,SUV车型中的国产一线终端品牌近年竞争力持续走高,比如长城等,在这个细分行业中的细分领域,国产SUV品牌整体增速又高于SUV的增速。再者,如果有某家公司,核心业务中具备自主研发能力的中端国产SUV零部件生产厂商,并进入了包括长城汽车在内的国产一线厂商供应链,公司的业务就可能几倍于行业平均水平。

再做假设:如果这个时候它还能往上下游延伸,从做一个零部件到做多个零部件,能够实现相关产品链的上下游整合,这样公司的成长空间就更加具备弹性。在一个低速增长的行业中,就出现了一个结构性的高增长机会。

因素3:商业模式——横看成岭侧成峰,远近高低各不同

为什么中国第一大券商中信证券2015年年底市值超过2344亿元,动态市盈率不到12倍,而东方财富,一个炒股软件加股吧BBS社区的市值却达到965亿元,动态市盈率超过52倍?任何一个行业都有不同业态的公司,但每一种商业模式背后代表的长期竞争力与企业价值却是不同的。从这样一个角度,携程网与东方航空、小米与诺基亚、房多多与万通地产等,它们都分别处于一个大行业中的不同细分业态,有着完全不同的估值水平。

回到刚才的那个问题,中信证券2015年收入约560亿元,净利润198亿元,是名副其实的国内券商头把交椅,但是在资本市场的逻辑中,投资买的是未来的成长性,在这样一个现有体量背景下,中信证券的未来成长空间在哪里?

我们把视角放大到整个金融证券产业，因为互联网金融的到来，这个行业最近两年发生了颠覆式的变化，信息化、互联化、大数据化变成了行业未来的主流趋势。未来的证券行业，不看谁能够拥有最多的营业部，而是看谁能够通过互联网连接足够多的用户，通过用户实现碎片化资金与理财稳定收益之间的无缝联接。从这个角度看，几个要素在互联网证券的产业变迁中变得至关重要：第一，谁能够离个人投资者更近。在传统证券交易环境下，营业部是最近的交易场所，但是在互联网环境下，移动化的手机下单软件变得更加贴近用户。第二，谁对投资者更具备黏性，除了能够完成证券的下单交易，还能够完成一站式的财经资讯、投资顾问、理财产品代销甚至社区交流、金融娱乐等，能够帮助投资者更好地找到自己同类的人和产品。从这两个角度看，中信证券等传统券商在产业新趋势下的转型并没有过多资源上的优势，相反，以东方财富为代表的证券信息化公司则一路高奏凯歌，始终围绕投资者用户深耕用户体验，持续创新商业模式。东方财富已经形成集"财经资讯+交易软件+数据终端+理财代销+股民社区+在线开户"等一站式终端证券服务，并在 2015 年 9 月公告收购同信证券 100% 股份，标的资产作价 44 亿元，引领了互联网公司收购金融公司的又一浪潮。

无疑，从企业成长预期上看，东方财富的商业模式代表了互联网金融产业环境下的整个行业未来，而传统券商在互联网金融环境下则仍然包袱沉重、转型困难。这样的逻辑下，不难看出，商业模式对估值的影响到底意味着什么。它意味着在长期的产业竞争中，一个企业是否存在一种有效的业务竞争机制建立自己的护城河、完成自己的长期成长。

因素4：主题概念——上市公司的产业雷达

股票市场每年各种主题层出不穷，花样百出，从此前的 3D 打印、体育娱乐、互联网金融、人工智能与机器人到现在的虚拟现实与增强现实、量子通信与太赫兹、石墨烯与新能源等，有人说，只要人类科技进步不停息，资本

第1章 知识结构：掌握证券市场的水性与特征

市场的浪潮就永远不会有瓶颈。

主流资本认可的标准会不断变化。资本市场的资金流向总是被一个个概念所牵引，每一次投机行情都始于某个概念的兴起或某个概念的轮动，而最终这些概念难免衰落。在概念股崩溃后，受伤的弱势群体和投资大众追求安全和稳健的观念又深入人心，呈现所谓"羊群效应"，即由个人理性行为导致的集体非理性行为的一种非线性机制。

热点概念对市值的影响，主要从两个层面传导：第一个是概念与板块。每年证券市场上都会有几个大的强势的主题概念与一批结构性短周期性的热点主题，比如国防军工概念（见表1-2）。伴随我国经济实力和世界地位的不断提升，我国军工行业也开始出现一些新的变化：经济发展带来国防增长的新需求；装备费用比例的提高提升军工行业景气度；军费开支的补偿性增长带来军工产业长期需求增长；军工资产证券化进程提速；军民融合成为军工发展必由之路。在此背景下，工信部发布《军民融合深度发展2015专项行动实施方案》，军民融合上升为国家战略，军工信息化、新式武器列装、定价机制改革；国务院新闻办公室发布《中国的军事战略》白皮书，强调贯彻新形势下积极防御军事战略方针，加快推进国防和军队现代化，坚决维护国家主权、安全、发展利益，同时2015年军费预算高达8890亿元，引发市场对国防军工概念的追捧。2015年1月到6月期间国防军工板块指数从1484.44点最高涨至3366.88点，最高涨幅达126.81%。

表1-2 热点概念对市值影响（国防军工概念）

公司	涨幅（20150101~20150910）	细分行业	主营
耐威科技	411.65%	卫星导航	惯性导航产品、卫星导航产品的研发、生产与销售
航新科技	257.97%	航空	航空机载设备研制、机载设备检测设备研制
亚星锚链	178.53%	船舶	锚链和系泊链供应商
钢构工程	134.66%	船舶	大型钢结构、压力容器、港口机械

再如新能源充电桩概念。新能源汽车作为新兴产业也是国家"十二五"时期重点发展的七大战略产业之一,是缓解能源压力与改善大气污染、促进区域经济发展与产业转移、加速传统汽车产业与装备制造业升级的重要实现途径。2015年,市场传闻上海普天与宝马合作启动宝马即时充电服务,并将在2016年建成1000个公共充电桩,虽经公告澄清,但上海普天还是迅速成为新能源充电桩龙头股。随后《电动汽车充电基础设施发展指南(2015—2020年)》等文件发布,各地的政策不断出台加码电动汽车充电基础设施专项规划,充电桩概念开始成为二级市场热点并持续受到投资者的热捧。2015年下半年新能源充电桩概念股涨幅明显,龙头企业上海普天在9月8日到11月13日上涨317.31%,同期上证指数仅上涨16.25%(见表1-3)。

表1-3 热点概念对市值影响(新能源充电桩概念)

公司	涨幅 (20150908~20151113)	细分行业	主营
上海普天	317.31%	制造业	通信传输及接入系统,通信类设备精密机械加工等
特锐德	151.90%	制造业	研发、生产、制造变配电产品、新能源汽车充电设备及相关设备等
上证指数			16.25%
行业指数			66.41%

作为上市公司、新三板公司,从董事会或者董秘的角度应该如何看待二级市场主题热点的问题?只是一个无端的炒作,还是另有其他意义?

上市公司应该建立一种这样的思维:把市值上的热点炒作作为产业雷达。不管资本市场上的炒作靠不靠谱,至少可以牵引公司战略的思考方向。比如一段时间关注度较高的体育产业,所有做大型场馆设备软硬件的公司都不停被资本市场提问有无考虑进入体育产业。

从基本面的角度,体育产业目前的业态发展短时间内很难满足上市公司对利润的要求,甚至短期还看不到持续稳定的商业模式,除了体育营销、赛事、场馆、陪练、社交多数都不赚钱，但不得不承认，资本市场已经嗅到体育产业在未来 3~5 年会进入一个持续的资本流入周期。如果一个行业有资本持续流入，那迟早能体现利润。并且体育行业会与影视文化、传媒、营销、智能软硬件、金融、大健康、互联网等多个行业产生重度结合，并演化出新的商业物种。正因此，贵人鸟、探路者、雷曼股份、乐视网、苏宁、万达等众多上市公司都在疯狂抢购体育资产。作为上市公司中最懂得资本市场的人，这样的热点是无端操作还是产业雷达？不难判断，这是资本市场带来的前瞻性判断，关于产业的未来已经给出了答案。

另一方面，基于经济产业规律，热点又是可以被推导和被预判的。比如锂电池新能源几年前就被资本市场轮番验证过，整个新能源从上游锂矿资源开采到卤水提锂，到锂材料加工，再到锂电应用，到最终的终端智能电子产品，早在 2012 年我们就曾经建议过一家做锂材料的上市公司尽早布局上游锂矿资源，甚至去竞购上游的海外上市公司。再如当前全球经济极其不稳定的环境，整个政治利益格局在重新划分，整个世界在重构，中国在崛起，军工产业就一定会持续地被推到风口，近年是政治军事事件的高发时间窗口，但凡世界不太平，军工股就被资金轮番炒作。

如果一个公司的热点概念相对较多，就比较容易受到资金的关注，在股票市场中的群众基础完全不一样，交易量和流动性便完全不一样了，经过私募基金、大户、涨停敢死队等各路资金的炒作，便直接反映到市值的涨跌上。作为董秘，不但要知道公司因为什么热点概念涨了，还得知道公司潜在相关热点概念是什么，知道公司未来战略布局中整个资本的风口在哪里。

因素 5：股东和股本结构——"打喷嚏"的投资者

A 股上市公司有一类股东我们称之为"打喷嚏股东"，他们的一言一行、举手投足都会导致资本市场无限联想，从而引发市场炒作，比如王亚伟概念、腾讯阿里概念。股东对市值的影响核心有两个：一是业务上能够带来产业层面的资源，二是财务上能否提供增量的支持。

比如创业板公司戴维医疗，2013年8月20日，戴维医疗发布了半年报，王亚伟掌管的昀沣证券投资集合资金信托计划二季度末持有1160万股，位列第二大流通股东，占流通股的比例达到2.7%。半年报出炉的第二个交易日，戴维医疗高开高走，单日大涨7.89%，在接下来的一个半月中累计涨幅为69%。再如腾讯概念的顺网科技，2011年11月，腾讯通过大宗交易以均价25元/股购买顺网科技526万股，成为公司第四大股东。腾讯总裁刘炽平表示，希望双方在社区、游戏、音视频等娱乐产品领域进行更加深入的合作。2015年年底顺网科技的前复权股价最高达到222元/股，与腾讯当初入股时的价格相比涨了8倍多。

新三板作为一个专业机构扎堆的市场，更加注重股东结构的背书。新三板有家明星公司叫做点击网络，这家在2002年创立的公司起初主要业务为向企业提供服务器托管和域名服务，在经历过IDC混战以及互联网行业数据机房整顿后，公司以其专业的技术水平及良好的服务破围而出，并逐渐发展成为如今为企业提供P2P金融平台、电子商务交易系统、云建站、企业邮局等软件产品及运维服务的中小企业Saas级服务商。点击网络自2015年挂牌以来，先后通过定向增发引入了两位重量级的战略投资者陈发树和蔡文胜。2015年7月30日，点击网络与陈发树签订认购合同，后者拟3600万元参与公司定增，获得11.76%股权。陈发树为新华都实业集团股份有限公司创办人及实际控制人，持有新华都、紫金矿业等多家上市公司的股份，在福建省乃至全国享有很高的声誉，其在公司经营、资本运营领域具有丰富的经验。2015年11月30日，点击网络收购奕盛网络募集配套资金不超过6900万元，其中最大认购方是蔡文胜。蔡文胜是中国著名天使投资人，被称为"草根天使""域名之王""站长之王"，于2000年进入互联网领域，投资域名并获得巨大成功；2003年5月创办265.com，其后于2007年被Google高价收购；随后创立投资了 4399、美图秀秀、暴风科技、58 同城以及飞鱼科技等数十个项目，并亲自担任美图秀秀董事长。

大股东本身的股权结构也会对市值产生影响，过高或者过低都于公司长期稳定发展不利。如果一个公司大部分股权都在老板自己手里，很可能没有将资源充分最大化，公司很可能会因此错失发展机会，反过来说，如果公司股权过于分散，给创业伙伴平分股权，在事业顺风顺水时可能风平浪静，一旦公司经营出现困难或波折，股权平等或者股权分散难以起到集中高效决策的作用，甚至还会出现管理层被收购的情况。这对公司的长远经营将产生不利的影响，一定程度上也会反映在市值表现上。

因素6：风格和股性——老板风格就是股性风格

通过长期的实践，我们一直有个观点，一个上市公司的董事长会决定公司两件事情：第一，决定企业文化，企业文化就是老板文化；第二，决定股票风格，老板风格即是股性风格。

一个企业家的性格和他对事业的企图心往往对股票产生重要的影响。

如果一个公司地处三四线小城市，老板年龄较大，体制内出来的，又是技术工种出身，往往该公司的股票的走势不会大起大落。如果是一个70后甚至75后，血气方刚、赌性很强、雄心勃勃、市场营销出身，又是海外留学回来的高级知识分子，喜欢用全球视野思考问题，又有金融商科的学习背景，熟悉各种全球资本趋势与投资并购，这种股票往往在市场环境活跃的时候会集各种热点于一身。

有一种投资事件，是由公司管理层变化而触发。新上任的管理层往往对公司的战略业务及产业有新的思考，对业务发展的节奏以及事业的高度有新的想法，这些传递到资本市场，会给投资者带来新预期。

历史上涨幅跌幅过大的公司对股性本身也会产生影响，例如上海板块的股票往往在牛市中表现相对比较活跃，甚至可以说它们没有错过任何一次牛市。

凤凰光学于1997年上市，到2011年的13年时间里，利润增长起起落落，从3200万元涨至4600万元，增长不足1倍，但市值表现非常活跃，5年下降、9年增长，在三波牛市周期中股票涨幅分别为5.6倍、4.7倍、5.3倍，几乎每一轮大的牛市都有所表现，公司的基本面并不足以支撑公司的股价表现，但是因为历史上的股性活跃，造就了该公司被资金持续关注。每当牛市到来时，市值很小，启动5亿元~9亿元总市值；股价低，每一波涨幅启动前的价格基本处于3元~5元，又会配合市场说一些似是而非的故事，最终吸引了资金的流入。

因素7：4R关系——影响资本市场情绪的"噪音"系统

4R关系主要是指广义的投资者关系：第一个R是投资者，第二个R是监管机构，第三个R是媒体，第四个R是分析师。经过长期研究和跟踪，我们发现还有中介关系管理以及针对新三板的做市商关系管理。

4R关系的热度决定上市公司被资本市场关注的程度，一个公司从不被关注到被持续关注的过程往往也是市值从低到高的过程。比如从研究员关系看，研究报告的覆盖广度、研究报告发布的频度、研究报告的评级以及业绩的预期，包括在研究员圈子内的口碑，都是研究员关系管理应该关注的范围。同样，是否有机构投资者、机构投资者的占比、机构投资者持股的时长，包括股东的浮盈情况，则是投资者关系应该关注的重点。再如媒体关系管理，核心工作应该关注媒体的事件关注点、负面报道与热点事件、传播转载的媒体渠道和传播量，这些都是核心抓手。

因素8：价位区——为什么A股没有仙股？

价位区主要是指股票的绝对价格。在目前的A股，低价股必然存在估值优势，存在地板价，跌到3元就跌不动了。中国股票市场有两种奇葩心态：第一个是散户往往认为300元的股票就是比3元的股票风险高。第二个是上市公司老板普遍有一种心态，觉得股票价格高一点好，这样对客户、供应商、员工来说都有信心，如果股票价格太低，听起来好像这个公司不行了。其实没有任何影响。

从新三板的角度看，目前由于做市商受到监管体制的影响，考核是以做市股票数量为标准，所以也会出现低价股被做市商扫货的情况。新三板企业的绝对价格也会起到一定优势，但对做市商的这种考核只是短期现象，长期看新三板公司的价格是没有地板价的，价格体系会向港股靠拢。

因素9：规模体量——为什么规模越大估值越低？

在目前国内的资本市场估值体系中，规模体量越大的公司估值越低。在A股，规模体量又相对较小的公司存在一定估值溢价。这是由A股历史的上市规则造成的，习惯性地炒小炒新。海外资本市场的估值逻辑是相反的，规模越大的公司、行业龙头公司能够拿到资本市场相对高的估值，而行业竞争力弱、行业排名相对靠后的公司，往往是龙头公司估值的折价。在目前A股以市盈率为代表的估值体系下，小规模公司意味着成长还存在一定空间，炒作的资金量也相对较小，便导致小盘股、小规模体量的公司反而享受更高的估值。

同样的道理，在目前注册制的新三板环境下，龙头公司相对估值更有保障，而中小公司目前因被炒作等原因估值体系相对不够公允，长期看规模体量较小的公司在新三板上估值体系内的影响重要性将会逐步下降。

此外，还有一个影响公司市值涨跌的重要因素，即一个上市公司的资本运作。从专业角度，一个公司的资本运作水平基本可以通过其公告来发现，通过其资本运作频度以及整个交易结构设计的逻辑可以判断该公司资本运作的能力，一般来说，能力较高的公司市值被显著低估的可能性较小。

价值传递模型：市值由内而外的传递逻辑

市值的第二个微观影响机理是价值传递模型。价值传递的本质是一个公司内部价值通过市场逻辑传导至外部并最终影响在市值上,核心是讨论公司价值传递路径的问题,分为五个步骤:价值识别、价值塑造、价值描述、价值传播、价值实现。

价值识别:让公司的价值被认知

包括产业趋势研究、公司价值研究、内部资源诊断、市值管理诊断、核心能力识别、财务报表分析、盈利预测模型、行业估值分析等,重点说明有什么样的外部机会与内在资源能力,以论证其他公司潜在竞争力的可能性。

价值塑造:换一个角度理解公司价值

包括市值战略规划、业务结构重组、投资逻辑梳理、组织管理提升、股权激励实施、市场营销升级、生产流程改造、资本效率改善、股东分红计划、盈余管理建议等,本质是基于能力与资源实现战略战术和价值提升,即基于内容和资源设计未来战略出路等最优路径。

价值描述:按照听众接受的方式说听众喜欢的内容

包括对外沟通基调、临时公告撰写、定期报告撰写、路演PPT材料、投资者Q&A、高管团队培训、媒体宣传设计等,本质是基于战略路径选择翻译一套资本市场听得懂、愿意听的语言。

价值传播:把故事说给懂的人听

包括大盘周期研判、对外传播策略、热点概念识别、自选传播筹划、路演推介筹备、媒体渠道管理、研究报告管理、投资者关系、监管机构关系、4R数据库建设等,最终基于资本市场的传导路径和渠道将资本市场的内容传递给相应的对象。

价值实现:让投资人为梦想买单

包括市值表现、估值提升、增持减持、股权行权、股票回购、资产注入、投资并购、并购基金、再融资、信托融资、理财产品配置等,最终实现内在企业价值逻辑在资本市场的外部体现,并基于外部的实质体现进行相应的资本动作的规划。其中资本市场价值表现形成后,反哺价值识别的进一步升级,最终形成整个价值逻辑传导的循环。

这本质上即是企业价值在资本市场上传导的逻辑。如果一个公司的市值被低估,或者出现了基于基本面的价值偏差,那一定是该公司的内在价值在价值传递模型中出现了一个或多个问题,可以通过分析和研究判断市值被低估问题所出现的原因,对症下药,通过改变和改进提升估值。

第 2 章

顶层设计：董秘的定调职能

基于产融互动对新三板公司成长的必要性，我们一直认为董秘在公司是仅次于老板的二把手。作为公司资本运作的负责人，董秘的职能定位在每个公司都不太一样，多数公司顶层设计层面没有对董秘职能完成系统思考，导致很多公司对董秘的职能定位仅仅是管理三会或者证券事务，或者对接投行等中介机构，或者是董秘分管市值管理部分，其他副总裁分管并购工作，或者是董秘分管信息披露而其他副总裁分管再融资工作。

我们认为，董秘工作分配原则上最重要的一点，是完成整个公司资本运营的宏观定调与顶层设计。

一家企业从产业市场到"产业市场 + 资本市场"，竞争规则一定会发生变化。一些志存高远的公司认为上市或者挂牌新三板只是企业发展的一个过程，登陆资本市场之后仍然以原有的竞争习惯推进业务，经营思维、组织能力、竞争要素等各个方面仍停留在非上市的阶段，一定程度上可以认为该公司在业务成长上没有利用好资本市场的优势。

我们认为，一家企业上市之前最核心的工作是做好从产品经营到产业经营的升级，上市之后则要从产业经营向资本经营升级。这其中，市值是资本经营的核心经营指标，是企业经营的终极指标，已经变成了现代公司的一种生存方式和价值实现形态。但很多公司只熟悉产业（产品）市场和利润概念，不熟悉资本市场和市值概念。

年薪千万港元的董秘

新东方 2006 年 9 月登陆美国纽交所，融资 1.125 亿美元，首日市值 7.46 亿美元。因为国内教育产业体制原因，教育培训行业外资准入受到限制，新东方只能通过 VIE 结构完成美国上市。

在一切看起来都风平浪静的时候，2012 年，在美股以做空为主要盈利模式的投资机构美国浑水公司（Muddy Waters）悄悄盯上了 VIE 结构下的新东方。

浑水公司成立于 2010 年 6 月，最早因为发布质疑大连绿诺的研究报告并最终导致其退市而一战成名，开始进入大众视野。随后接连在傅氏、科普威、分众传媒、展讯通信等多家中概股上套用其做空模式，导致对方股票暴跌而盈利。浑水公司的模式是：基于自身建立的调研假设，通过官方与非官方的数据与信息，推导上市公司存在的业务漏洞，从而证明其估值的不合理性，同时利用媒体造势等方式造成舆论压力与群氓效应，最终通过股价高位做空公司股票赚钱。

2012 年 7 月 18 日，美国 SEC（美国证监会）收到浑水公司针对新东方的研究报告。报告称新东方在管控模式与财务上存在瑕疵，随即美国 SEC 宣称介入调查，新东方股价应声暴跌，当日跌幅 34.32%，报收 14.62 美元/股，创 5 年新低。次日，浑水公司将研究报告向媒体公布，恐慌情绪再次造成股票价格暴跌，当日跌幅 35.02%，报收 9.5 美元，股价创 5 年新低，市值 15 亿美元。

一般认为，上市公司股价的短期涨跌并不会影响公司经营，甚至可以置之不理，让时间消化误会，用时间恢复信心。我们一直有一种区别于市场的观点——K 线影响基本面，即短期的市值波动在行为金融学的角度上通过直

第 2 章　顶层设计：董秘的定调职能

接和间接的方式向基本面传导，并形成持续的反馈循环。站在新东方公司董事会的角度，短期 K 线的急剧波动，可能会带来三个方面的严重影响：

1. 市值暴跌带来资本市场信用受损。市值对应股权价值的溢价，直接关系银行授信、债券评级等方面的资本市场信用，市值波动可能传至其他种类的证券产品，引发连带性下跌。

2. 舆论连带反应，使客户、供应商、员工不明真相失去信心。外部舆论以假乱真可能导致供应商和客户的信心下降，从而传至业务层面。

3. 竞争对手或其他财团伺机收购导致股东结构变化甚至失去控制权。因为市值暴跌，觊觎已久的竞争对手或者投资机构可能借暴跌机会大量买入公司股权，若动机不纯，甚至可能举牌要求董事会席位，更有甚者可能提案董事会改组。一旦发生则公司控制权拱手相让，最终中国最大最优质的教育资产存在着被掠夺打劫的可能性。

就在此时，新东方以董事会为首的团队着手应对此次市值危机，以官方名义接连做出回应。

1. 媒体公关：事件发生后两天，俞敏洪于 2012 年 7 月 19 日接受《21 世纪财经报道》专访称："新东方有没有粉刺？绝对有，但新东方没有得癌症。他们把新东方说得不光是得一个癌症，还得了三个癌症。"同时，俞敏洪通过个人微博做出一系列澄清，徐小平、刘强东等亦发声支持新东方。当日股价涨 17.89%，报收 11.2 美元。

2. 增持计划：7 月 20 日，俞敏洪等高管宣布以自有资金回购公司 5000 万美元 ADS（新东方美国存托股），且承诺未来 6 个月内不减持。

3. 评估调查：由公司三位独立董事李廷斌、李彦宏和杨壮组成特别委员会，对浑水报告的指控进行独立评估。当日收涨 15.27%，报收 12.91 美元。

4. 机构评级：Mirae Internet（韩国投资公司，未来资产投资集团）等投资机构纷纷发布研究报告，维持新东方股票"买入"评级，同时维持 21 美元的目标股价不变。柳传志、牛根生、江南春等为代表的中国企业家纷纷为新东方站台。

就在惊心动魄的两周中，新东方的股价经历了一轮过山车式的涨跌，截至 2012 年 11 月 30 日，新东方报收 20.25 美元，市值 32 亿美元，恢复至被"浑水"做空之前水平。

在这一切的背后，我们不禁要问，这场市值危机大考的背后，到底是谁在操刀？

是新东方的财务总监谢东萤，其同时也是新东方登陆纽交所的操刀人。在美股市场，财务总监是官方指定的投资者关系负责人与监管部门沟通对象，从职能看，与 A 股董秘的角色一致。谢东萤是斯坦福大学理学学士、哈佛工商管理硕士、加利福尼亚大学伯克利分校法学博士，以律师角色开始进入华尔街，曾任职 Credit Suisse First Boston（瑞士信贷第一波士顿）、JP Morgan（摩根大通）、UBS Capital Asia Pacific（瑞士银行亚太区私募投资基金）、Darby Asia Investors（HK）Ltd.（达比亚洲投资者），任职于新东方之前，在美国硅谷的一个上市高科技公司担任 CFO（首席财务官）。2009 年 5 月 18 日，新东方宣布任命谢东萤担任总裁，同时继续担任新东方首席财务官兼董事。

他的职业发展路径几乎可以代表那一代美国上市公司财务总监的教科书：美国一流高校纯正商科教育背景，以律师角色进入华尔街，并伺机进入投资银行领域；从非一线投行平台一路杀进华尔街主流老牌投行，熟悉卖方中介业务后又进入买方业务；先从大机构的资产管理业务开始深入，独当一面后又进入中小基金开始夯实自己的资源基础；在完成整合资本行业的资源、人脉、经验、能力积累后，开始进入企业方。先从小公司的 IPO 开始，将资本层面和产业层面完全打通，最终成功操刀中国最大教育公司美股上市并兼任 CEO。

这是一个典型职业董秘的成长路径，他的成长经历甚至可以作为国内新

第 2 章　顶层设计：董秘的定调职能

三板董秘成长的范本。

一个开放资本环境下的企业从初创的那一刻起，就无时无刻不受到资本的影响。从传统的成长路径看，从最开始的天使投资到 A 轮、B 轮的风险投资（VC），再到成长期的私募股权投资（PE），企业在成长的各个阶段都是资本持续打交道的对象。当企业准备在国内申报 IPO，会出现证券公司的投行部、律师事务所、会计师事务所等资本服务机构；当把上市材料交到证监会，券商资本市场部、财经公关等机构又会伴随企业一路走向资本市场。拿到 IPO 发行批文后，有申购新股的基金专门打新，进入二级市场后又会有公募基金、保险公司的资管部门、券商的资管和自营、阳光私募、财务公司以及 QFII 等专业的二级市场机构投资者、专门投资上市公司的 PIPE 投资机构等。

新三板出现之后，整个初创型中小微企业的成长路径从过去的"天使投资——pre-A 轮投资——A 轮——B 轮——C 轮——IPO——……"开始向"天使投资——pre-A 轮投资——A 轮——新三板……"变化，整个资本供给开始转向新三板，通过新三板挂牌来完成从 B 轮开始的一系列融资。在这个阶段，谁能够帮助新三板企业完成真正意义上的资本工作呢？是整个董办团队。

总的来看，董秘作为新三板企业产融互动的核心推动角色，应该是全公司仅次于老板的角色，是公司战略执行、产业趋势研究、市值管理、股权吞吐、融资筹划、投资并购等的第一责任推动者。一个真正强大的董办，作用绝对不亚于一个小型的投资银行团队，对上市公司自身来说，董办本身即是一个"私人投资银行"。

一个真正合规的新三板董秘，不但是一个投资银行家，还应该是一个咨询大师、一个律师、一个会计师、一个投资人，同时他还是一个实干家、一个危机处理专家、一个职业经理人，甚至还是一个营销大师、一个演讲家、一个梦想家。

新三板的产融互动理论

多年前,时任君安证券研究所所长的王明夫先生首先在证券行业提出"走到 K 线背后去",用极具前瞻性的思路引领了整个国内证券行业的研究导向。直到现在,随着整个证券分析行业职业化进程的推进,产业研究与公司调研已成为常态,走到 K 线的背后去、走到企业经营管理的一线去,仍旧是企业成长与资本经营的核心命题。

王明夫:走到 K 线背后去

在 K 线前面

早期的股市投资者,无论是普通股民还是专业券商,大都没有公司研究和行业分析的意识,他们投资作业的基本方式是看盘面、听消息、读股评、测行情,然后凭感觉决策买什么卖什么。这种状况从 1990 年开办股市以来一直持续到 1995 年年底。我们称这个阶段为"在 K 线前面"的阶段。

在 K 线背后

1995 年年底,笔者时任君安证券研究所所长的时候喊出"走到 K 线背后去"的口号,主张跳出盘面行情,走到 K 线背后去研究上市公司的质地和前景,分析公司所在的行业景气情况。从此,以当时的君安证券为代表的券商纷纷发育研究队伍,开展公司和行业研究。由此,以当时的券商机构为主体的中国机构投资者进入了"K 线背后"的阶段,通过 K 线背后的公司调研和行业分析发现投资机会,进行投资决策。最先走

第2章 顶层设计：董秘的定调职能

到K线背后去的那些人，因为有信息优势，能够先人一步买入"好"股票，同时及时回避"坏"股票，所以容易获得战胜市场的超额收益。

显然，从"K线前面"到"K线背后"，是中国证券界在自身发展和靠拢国际惯例进程中的一次重要跨越。遗憾的是，证券界走到K线背后去的专业努力，一度滑向了一个歧途，即与上市公司勾结进行报表操纵。所幸歧途终归没有变成正道。后来的主流方向还是以专业能力在K线背后发现投资价值。如今，专业的分析师队伍日益壮大，它们在K线背后的研究分析工作越来越成为投资者尤其是机构投资者们赖以决策的重要基础。无疑这也是国际投资界和投行界的成熟业态。

证券研究力量的发展壮大，使得对上市公司的信息挖掘和分析判断日益深入，投资界内各股市场势力彼此之间相知相熟的"圈子效应"也日趋显著，机构投资者之间在占有信息、分析信息和判断信息方面的差异性趋小，所有关于上市公司的重要信息都在圈子内迅速变成公共信息。

上市公司信息的充分流转和公共化，直接导致了专业投资者之间的信息不对称现象弱化，通过信息先占优势战胜市场的时效性极其短暂。从未来趋势上看，随着专业研究力量和投资机构的崛起，市场上价格与价值的偏离会更迅速地被市场力量所发现和纠正，而且，网络等现代化通信手段的普及使得个人投资者搜集、处理信息的能力也大大增强。因此，通过发现价值获取超额收益的难度会越来越大。所有这些意味着谁都很难依靠信息优势获得长期超过市场平均收益率水平的超额收益。换句话说，公司好坏变得有目共睹，价值判断变得人所共识，投资者很难凭借知人所不知的信息先占优势和见人所未见的价值发现能力优势来获取超额收益。

市场发展到今天，试图获取超额收益的投资者，还需要进行一次投资理念、作业方式和赢利模式上的新跨越，即从发现价值到构造价值的跨越。发现价值的理念是，走到K线背后去，通过公司及行业的调研和分析，对公司的投资价值和风险做出识别和取舍。构造价值的理念是，积极驱动公司经营优化和管理改进，促使公司创造价值，实现业绩提高。用通俗的话说，发现价值是寻找黑马，构造价值则是培植黑马。

培植黑马

构造价值、培植黑马的机会，是来源于中国上市公司现状的。在当前阶段的中国资本市场上，大量的上市公司战略思维迷茫、资源配置散乱、公司治理效率低下、机会识别能力不足、资金投向多变、业务结构不合理、管理素质差、绩效改进空间大、公司再造的可行性强，这为我们通过公司再造和管理改进的方式获得超额收益提供了机会。

中国GDP每年保持8%左右的快速增长，这种增长趋势将延伸到未来相当长一段时期。与此相对照的是，中国上市公司的平均净资产回报率只有5%~6%。而美国标准普尔500在过去25年的平均净资产回报率却高达18%。也就是说，中国上市公司的资金使用效率尚不及标准普尔500的1/3。显然，只要上市公司的资金使用率提高1倍，则中国股市的平均市盈率可望下降50%。正如北大教授周春生所言："当前资本效率的低下，为我们快速提升资本使用效率预留了广阔的空间，而国民经济的高速成长，又为上市公司提高利润率提供了充足的动力。"我们认为，在天时地利具备的历史形势下，对于整个上市公司群体而言，真正重要的是通过产业战略重建、资产重组和管理变革彻底再造企业的产业能力和资源配置，全面改进企业运营的系统效率，从而从根本上实现公司的经营优化和绩效提升。未来中国资本市场的最大机会莫过于此。

公司再造

据观察，公司再造至少有三种操作模式：第一，整体置换，脱胎换骨。也就是将上市公司原有的业务、资产和人员进行整体剥离，然后注

第2章　顶层设计：董秘的定调职能

入全新的业务、资产和人员，从而使公司在全新的基础上运营；第二，战略重组，结构优化，资源整合。即重新确立公司的发展战略，对公司的业务结构和资产结构进行优化重组，剥离不需要的业务和资产，保留和强化需要的业务和资产，同时根据新战略的需要整合相应的经营资源，从而实现资源配置合理、业务结构优化；第三，管理改进，绩效提升。即在既有的业务结构下或在经优化重组后的新业务结构基础上改进运营效率、强化竞争力、降低运营成本，从而提高效益。熟知中国企业和中国商务环境的投资者都知道，上述三种公司再造模式，在中国的上市公司中有着广泛的适用性。

管理学家哈默和钱皮在所著《企业再造》一书中指出："再造"是指"扬弃旧系统，重新开始"。在中国资本市场上，资产重组一直属于热门题材。很多人以为进行了资产重组就完成了公司的再造，这实在是一种误解或浅见。实际上，资产重组并不是完全的公司再造，特别是在中国存在着许多地方政府主导的、非市场化的企业重组，更不能被纳入公司再造的范畴。公司再造的核心内容是对企业的产业能力和系统效率进行全方位的重建和改进，它包括战略定位、企业家能力、业务结构、资源配置、组织效能等诸多方面。

需要特别指出的是，公司再造必须坚决回避概念性和财务性重组的陷阱，能够创造价值的是旨在产业能力再造和竞争优势强化的战略性重组。概念性和财务性（甚或是报表性）的公司重组，对公司来说，实质上是一个战略陷阱。只有彻底再造公司的产业能力，强化公司的竞争优势，才有可能从根本上将公司推入一个可持续经营的良性轨道。目前不少上市公司的当务之急是：需要进行全面的战略重建和管理升级，彻底再造公司的产业能力，推行基于产业战略的资产和业务结构重组，围绕产业战略的需要培育公司的核心能力和整合相应的产业资源，发现和做实新的产业盈利模式。为此，在公司的募股资金投向和融资问题上，应该实现"三破三立"：破除项目导向的投资思维，确立产业战略导向的投资思维；破除"开辟新的利润增长点"的投资思维，确立产业价值链竞争的投资思维；破除追逐热点和概念的投资和融资思维，确立以产业战略需求拉动融资需求的融资思维，而不是"先圈钱后找项目"。总之，公司再造必须从战略、产业、投融资、资源和管理等五个方面进行全面优化。

构造价值

走到K线背后去，从发现价值到构造价值，从寻找黑马到培植黑马，迫切需要在投资界树立一种"新股东精神"，那就是：身为股东，对公司的现状和未来，不坐等、不依赖、不冷漠，积极行使和维护股东权利，积极发挥股东的能动性、创造性和资源能力，向公司主动贡献创造能力和管理智慧，努力驱动公司进行产业再造、管理变革和经营优化。同时，要摒弃概念追逐和会计包装，超越"财务报表思维"，回避一切概念性和财务性的"重组陷阱"。

当然，从发现价值到构造价值，从寻找黑马到培植黑马，是一次跨越性的投资理念和赢利模式转变，它对投资者（股东）的能力和素质提出了全新的挑战。因为，再造上市公司触动十大管理问题：

1. 公司核心能力的培育；

2. 产业进入或退出的选择；

3. 新盈利模式的构建；

4. 内外部资源的整合；

5. 募股资金用途和投资策略的调整；

6. 既有产业的重组；

7. 历史遗留问题的处理；

8. 公司内部既有利益结构的打破和新利益机制的重建；

9. 公司人力资源和基础管理的升级换代；

10. 股东结构优化和公司治理改进。

身为股东，需要对这些管理问题所涉及的所有领域都有足够的知识、见识和能力，方能协助公司做出正确的判断和选择，驱动公司朝着正确的方向发展。

走到 K 线背后去的本质，是从发现价值到构造价值，并通过公司再造推动企业新一轮的成长。换言之，新三板企业未来的成长，除了本身产业竞争中的供研产销效率提升以外，更多的还来自于结构效率的升级。

而在结构效率升级的背景下，两个方面将成为主要的改进方向：一是资产结构效率，即企业的主营业务的构成；二是资本结构效率，即本身投资与融资的效率。两者的结合点也是企业成长的核心战略命题，而其中最大的变量来自"市值"的变化。

案例剖析：一家 A 股老牌公司 K 线背后——中恒集团

广西梧州中恒集团股份有限公司成立于 1993 年，由梧州市城建综合开发公司改组，联合梧州市地产发展公司、梧州市建筑设计院发起成立。在 A 股的配额制体制环境下，中恒集团是广西壮族自治区力推的国有资产上市企业，在 2000 年登陆上海交易所，主营业务为城市基础建设和经营、房地产开发与经营、投资、建筑材料、国内商业贸易，挂牌时市值不足 10 亿元。2003 年，由于主营资产质量较差，公司被迫装入制药业务，将全资附属企业梧州市蛋白肠衣厂 80% 的权益与国资委持有的广西梧州制药股份有限公司 95.6% 的股权进行了置换，仅保留了蛋白肠衣厂 20% 的权益，并将制药业确定为公司的核心主导产业，并在 2004 年战略定位为多元化经营、专业化管理的投资管理型控股公司。2004年再次完成了对梧州桂江电力有限公司98.67%的股权收购，增加水电业务，初步构筑房地产、制药、电力三大板块。

2005年中恒集团再次转型，战略定位为主业明确的战略投资控股集团公司，实行多元化发展、专业化经营，以梧州为基地，以产业为平台，以资产为纽带，向全国辐射；以制药和房地产为核心产业，坚持"房地产为基础，制药为主导，大力发展制药业，带动其他产业齐头并进"。同年，中恒集团逐渐步入经营困难的局面，全年营收3.2亿元，亏损近1亿元（见图2-1）。

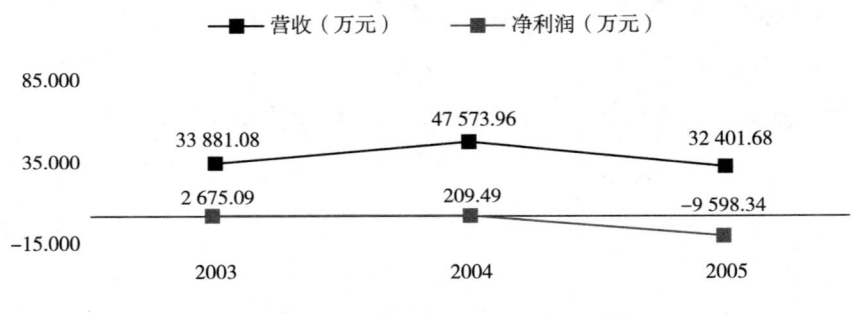

图2-1　中恒集团2003~2005年业绩情况

2006年5月17日，公司发布公告：国资委将其持有的国有股6500万股转让给梧州鸳鸯大桥有限公司。完成后梧州市国资委占总股本的9.47%（第二大股东），大桥公司持有总股本的29.89%（第一大股东）。公司由国有控股转变为民营控股上市公司。

新股东入驻后，公司采取了一系列的措施。首先对产业进行研判：

1. 医药行业

随着农村医疗网络和城市社区医院的建立，第三终端市场规模扩大，需求旺盛和市场拓展对医药企业产生有利影响；随着国民经济发展、人口老龄化和医改新政策带来国家投入等因素的影响，医药行业未来仍将保持快速发展。

心脑血管用药成为仅次于全身用抗感染药的三大用药类别之一。2005年我国心脑血管用药市场规模突破500亿元，达到528.6亿元，同比增长16.5%；其中化学药市场规模354.65亿元，占心脑血管用药67.2%的市场份额，同比增长15.4%；中成药虽然市场规模小于化学药，市场规模约为173.47亿元，但近几年的市场增长率均明显高于化学药，在我国心脑血管用药市场的地位日显重要。

2. 房地产行业

优势：北部湾经济崛起机遇，泛北部湾经济圈地区，此是公司的重大战略性机遇；梧州逐渐成为广西东部门户与新的交通枢纽中心，公司的房地产业务具有丰富经验与基础。

劣势：行业受政府调控牵制较大，行业集中度将进一步提高，土地储备丰富和自由资金充裕的企业将占据优势地位。而公司的房地产业务受区域性市场限制，土地储备匮乏、自由资金紧缺，调控已对公司房地产业务的开展产生重大影响。

3. 水电行业

水电受自然气候影响较大，下游电价受国家控制，电力属于政府垄断行业。

2004年主营业务利润2995万元。发电同比少发5000多万度，减少销售收入1500万元。由于欧元汇率上涨影响，产生2017万元账面汇兑损失。2005年完成发电量22 157万千瓦时，售电量21 328万千瓦时，比2004年减少323万千瓦时和318万千瓦时，比2003年减少4358万千瓦时和4244万千瓦时。

4. 旅游酒店行业

总体保持微亏，不作为主营业务。

由此，得出结论：对于医药业务，中恒集团是血栓通的原研单位，享受发改委优质优价政策，在药物有效含量等指标上明显高于竞争者，应集中优势资源，启动再融资，引入战略合作伙伴；对于房地产业务，优先消化遗留房地产存量资产，应利用机会与资源，适时开发房地产项目；对于水电业务，连年亏损，无规模效应，下游电网属于垄断行业，应从集团剥离。

大股东进入后，确立了以中药业为公司的核心主营业务方向，公司退出水电业，适时发展房地产业，引入职业经理人。至此中恒集团形成了"以中药制造业为主导产业，房地产开发为基础产业，辅以旅游酒店、物业管理及自有资金投资参股等齐头并进、健康持续发展"的发展战略；搭建了公司中药制造、保健食品两翼齐飞的产业结构。

确立公司战略方向后，公司采取了一系列措施确保战略实施落地：

第一，资产剥离。为及时收回资金，集中资金做强核心主导产业，公司转让所持有的上海东恒房地产90%的股权，收回了3600万元投资资金；出售蛋白肠衣厂和宏泰建筑装饰的股权；出售梧州桂江电力；公司向梧州电业局出售所持80.44%股权，金额为19 330万元。

第二，做大主业。投资500万元收购广西梧州制药集团股份有限公司股权，收购完成后，公司直接持有制药集团公司98.08%的股权；投资3556万元建设制药新基地；2007年再投入建设资金4881万元，建设制药新生产基地。

1. 新品研发工作：预备开展及正在进行的研发和试剂项目达38项。总投资额为2900万元的妇舒乐产品进入产品临床阶段。

2. 发展重点产品：血栓通冻干粉针、中华跌打丸、妇炎净。

3. 加强产品营销：成立中恒医药有限公司（医药商业），完善和构建营销队伍和营销渠道，同时加大对药品的宣传、推广以及广告投入。整理产品线，做好品牌推广规划，形成以医院学术推广产品、OTC品牌产品以及普药招商产品三足鼎立、齐头并进高度发展的格局；牵手步长集团；举办"红十字会与奥运同行"等大型公益活动，加大广告投放力度；进行地区调整和产品质量跟踪，控制代理商库存及销售情况，产品覆盖40%左右的二三级医院。

4. 进入上游种植领域：通过"公司+农户"的模式，进一步扩大主导产品原材料的种植面积，确保药材的正常供应。

5. 大幅度增加科研经费投入：核心产品注射用血栓通获得国家发明专利授权通知。

6. 重点开发保健食品行业：加强龟苓膏的市场开发、销售。

第三，财务处理。2005 年公司参股的国海证券因经营、诉讼等原因发生了巨额资产损失，加上预计 2006 年制药新生产基地搬迁可能发生资产损失等，公司共计提 11 263 万元的资产减值准备。

第四，财务投资。2007 年持有交通银行有限售条件的流通 A 股股票 906 667 股，其于 2008 年 5 月 15 日解禁，期末账面值为 1416 万元；2008 年出售交通银行 0.002% 的股权，实现收益 623 万元；投资梧州市区农村信用合作社，300 万元获得 4.28% 的股权。

第五，组织再造。更换高级管理人员，引进包括天士力集团原总经理等外部职业经理人。

第六，股权结构。梧州国资委进一步减持股票，同时实施股权激励。

第七，资本发力。2009 年启动上市后的首次再融资，2010 年实际募资 3.6 亿元（计划募资 4.5 亿元），资金用于注射用血栓通产业化项目、中华跌打丸系列产品扩建项目、新药科研开发中心及中试基地建设项目、补充流动资金。

直至 2012 年，中恒集团从经营困难的国有控股企业转型为市值超过 100 亿元的民营控股企业！

2005 年至 2012 年间出现了四个明显变化：

第一，市值变化。公司市值 7 年翻了 10~20 倍，2005 年市值不足 10 亿元，2012 年市值近 115 亿元，最高时达到 200 亿元。

第二，业绩变化。2005 年之前，由于体制问题，公司经营困难。民营资本进入后企业活力被激活,禀赋资源被充分利用,2006年实现扭亏为盈。2006年至2012年营收复合增速为34.58%,净利润复合增速为79.10%。

第三,业务结构变化。2005年业务结构为医药、房地产、电力、酒店和旅游,战略方向不明确,大股东进入后,形成了"以中药制造业为主导产业,房地产开发为基础产业,辅以旅游酒店、物业管理及自有资金投资参股等齐头并进、健康持续发展"的发展战略。

第四,股东结构变化。民营资本进场前,公司前十大流通股中无一家机构投资者,重组后,到2012年年底,前十大流通股中有九家机构投资者。

纵观整个案例,中恒集团涅槃重生的原因在于:

第一,收缩。适时发展房地产,退出水电,剥离肠衣、旅游、装修业务。

第二,做大做强做活制药业务。利用公司禀赋优势,以优势产品血栓通为核心,辐射其他基础药物;上游进入中药材种植;启动再融资扩大产能,投建三期制药基地;下游建立分销队伍,牵手步长集团,与研发机构合作成立研发中心;从"供、研、产、销"四个方面建立以血栓通为主打产品的现代强势制药集团,并在此基础上,结合公司优势,进入保健食品领域,收购"双钱"品牌,将公司的资本运作、研发成果、营销渠道、生产技术、产能规模等优势一并装入新公司,形成保健食品与制药产品两翼齐飞、相辅相成的局面。

中恒集团的成功来自公司资源与民营经济活力的有机结合,是民营资本的活力释放,是走到K线背后去的公司价值提升,切合实际的战略定位和高管团队的血性与魄力。

新三板于大多数中小企业家的意义

区别于A股的审批制规则,新三板的注册制将挂牌和融资两个部分进行了分割,在6000家企业挂牌新三板后,有一个问题开始出现,新三板挂牌后

第 2 章　顶层设计：董秘的定调职能

到底要做什么？新三板挂牌对公司战略意义有何重要影响？

新三板给广大中小企业带来了一轮新的机会，可以不通过证监会的审批，不受发行政策的影响，甚至可以不去银行跑关系，就能拿到分担未来竞争风险的资本（前提是企业足够好，足够获得投资者的认可）。对绝大多数中小企业家而言，新三板意味着投资人用脚投票让自己的股权或者资产完成证券化。

截至 2016 年 7 月 30 日，在已披露 2015 年业绩的 7851 家新三板公司中，盈利能力大于 3000 万元的公司仅 777 家，占总数的 9.90%。这意味着两点：

一是目前规模体量下的挂牌企业多数还只是停留在供研产销的产品经营逻辑上。一家年盈利能力在 1000 万元出头的公司，多数是刚刚在产业市场的竞争中杀出一条通路，多数是通过产品经营的效率提升和创新整合将公司经营带到目前的高度。

二是新三板市场未来一定会像纳斯达克那样出现结构性的资源分配，即未来获得资本市场认同、获得投资者支持、获得股东投票的企业家和团队能够拿到更高的资本溢价，而这会成为整个资本市场资源配置的核心规则。

一旦登陆新三板，会出现两个逻辑。首先会带来终极经营理念的变化。过去管理理论认为，企业经营的终极指标是价值最大化，在传统工业时代，一个组织的盈利能力和永续现金流是公司价值的最直接体现方式，所以利润最大化能够较好体现价值最大化。但在目前国内相对变化较大的产业环境中，当期高额的利润及稳定现金流并不能直接体现公司长期的持续竞争力，当期的亏损也不能反证企业的商业模式没有价值。事实是，企业的长期成长价值比短期现金流更加重要。另外，除了净利润这个指标本身可调节的空间较大，将受财务确认规则、费用控制、非经常性损益等多个方面影响外，对企业经营者而言，对企业生存与业务进展更重要的一定是现金流量表而非损益表，因为业务竞争往往通过损益表换取短期的市场地位与业务规模，而这本身是与价值最大化方向所匹配的。我们认为，长期企业竞争力与长期价值更能够反映价值最大化的经营逻辑。

其次是公司发展方式的升级。在企业没有接触资本市场以前，企业的现金流基本只有三个来源：一是注册资本金，二是经营性现金流与未分配利润，三是可能存在的银行贷款。从企业的发展阶段看，任何一个企业从小到大都要经历三个阶段，即产品经营——产业链经营——产业生态经营，且在产品经营的过程中思考的业务问题更多聚焦在供研产销层面，从生意形态走向企业形态。企业登陆新三板后，整个经营形态都会变化，最直接的即是在这样一个开放的交易市场中任何一个资产都要被资金重新定价，在定价过程中完成企业股权与资产层面的证券化。而一旦经历证券化，企业价值将被赋予投资者资金投票的价格，即市值。自此，公司不再只是通过产品的供研产销来完成企业成长，还可以通过证券化后的市值来加速整个企业的发展。

资本市场与产业市场的关系

多数的企业家思考都是停留在采购、研发、生产、人才、组织、管理等方面，稍有思维更前卫或者具备进攻性思维的，会考虑并购和战略投资，但本质还是相同的，即通过产品业务流程的实现，面向产业市场完成利润率的保障。

但企业经营过程中还有另一个方面，就是金融市场。金融市场大的分类是资本市场和货币市场。资本市场是长期资金的市场，货币市场是短期资金的市场。教科书上有简单的划分方法：一年期以上的资金叫做资本市场，一年期以下的叫做货币市场，也可以简单理解成股权市场（权益类市场）与债券市场（固定收益类市场）。整个社会的所有钱进入金融市场，再进入企业。在进入企业的钱里面，其中有一种融资形态，钱的性质非常重要，类似于生长的基因一样，就是股权资本。但在企业经营中，股权和债权是有先后之分的，因为债券类市场本质是固定收益类市场，需要足够的信用抵押和风险担保才能实现，所以企业必须有足够的权益类资本，外部才能够实现对该企业的负债。股权类资本越大，则潜在的债权类资本也可能越大，权益资本小，银行等固定收益类的机构对该企业的借款就非常谨慎。权益资本是财务杠杆的关键：权益资本放大，债权资本的潜在规模也会同比例放大，整体的资本规模也会被杠杆级地放大，而资本规模越大，企业就能够在产业竞争的维度中持续放大资本投入，最终导致竞争力持续放大。

股票市场是资本规模最基础、最重要和最关键的环境影响因素，因为它可以撬动整个金融体系围绕企业的资本运作展开。而金融体系与企业资本的打通，又意味着企业有源源不断的弹药持续投入到产业竞争的前线，从而比在产业市场没有资本支持的竞争对手更有优势。

一旦产业优势持续建立，企业竞争就有了"护城河"，盈利能力就能维持、能持续，甚至能够持续成长，这就带来了对未来盈利能力的前景判断、对未来持续现金的预期。金融市场是一个能将未来潜在现金流折现到当前价值的市场，这样资本市场就会给有未来高成长预期的企业足够高的估值，给它们更多低成本的钱去持续放大未来的成长性，进而导致产业竞争层面新一轮的竞争差距。当竞争差距拉大到一定程度，产业结构稳态被打破，盈利能力有限的企业在产业竞争中被出清，就将推动产业集中度提高，最终完成产业整合。

这就是所谓的产融互动。

我们在接触了大量的新三板企业家后发现，因为各自业务的局限性，多数新三板企业家和新三板的资本机构在思考企业发展命运问题时，相关的知识结构是割裂或者说是片面的。懂金融和懂资本运作的人通常不懂产业的供研产销与经营管理，而懂企业管理和公司业务的人往往又不懂得资本和金融的逻辑，这就导致企业家往往不明白投资机构以什么眼光选项目、以什么逻辑谈判，因为他们的思路通常是在供研产销和生产经营上。

金融的逻辑对企业成长至关重要，甚至生死攸关。投资者站在赛道外看赛道里面的竞争，看待企业的角度不一定最接近生意本身，但他们会从资本流向和配置的角度思考这个企业甚至这个产业有无前景，站的角度会更加理性与客观，因为他要决定把钱配置给谁。

这个时候，两个问题变得愈发重要：一是投资者是否认为这个赛道有足够的价值与前景。如果这个行业没有前景，多数资金不会向这个产业聚集，资金养分就会变得贫瘠，虽然贫瘠不代表一定不能生存，但确实很难长出参天大树。

二是投资者是否认为这家企业是这个赛道里最好的"赛车"。如果被资本市场认为是没有前景或者不是最值得配置资源的赛车，资源同样不流向这家企业，结果是这个产业跟这家企业也没关系。

有一件事情决定了刚才的两个方面，即如何被投资者看待——知道投资者如何看待、研究与挑选企业。有些企业家因为经历、学历、区域等原因可能天生对资本运作敏感且擅长，喜欢和擅长金融与资本运作，但不大懂企业的供研产销、运营管理，不重视、不关心产品、市场、用户满意度等，甚至对生意的日常经营处于失控状态。另一些企业家只知道生意和实业，金融与资本对他们来说基本处于"黑箱状态"，多数仍在思考"不缺钱为什么要上市和不缺钱为什么要融资"的问题。细细体会多数新三板企业家目前的状态，多数人在"为什么要上新三板"的战略问题上并没有完成自我解答，只是在有隐约方向感的前提下知道挂牌新三板对规范运作公司管理等有好处，但对背后的逻辑和道理多数没有完成思考。目前国内职业经理人教育相对落后，金融和产业的知识结构割裂，思维结构和思维体系没有贯通，造成企业家思维片面、经营片面，产融不能形成互动，进而使得企业错失很多机会甚至面临很多风险。

这就是资本市场与企业成长的关系。

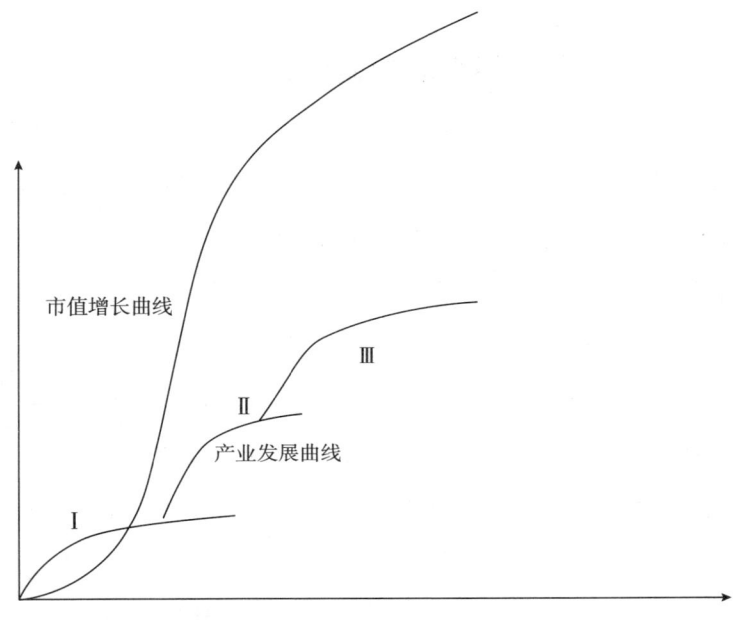

图2-2　企业发展曲线图

通过图2-2可发现，产业与资本相生相息。如果不以产业为本，就变成了"钱玩钱"，最后完成的只是存量财富的再分配，对产业本身并未创造多少价值，钱来钱去，最终只是零和游戏，就变成了基于利益面前的人性劣根在金融市场上的体现。但是如果产融互动完成了资本与产业的循环，最终形成了资本对产业的供养，拉动了产业的创造与兴起，这个资本博弈就变成了伟大的博弈，也形成了美国信息产业时代和纳斯达克之间的相互成就和繁荣关系。

世界500强中很少企业不是上市公司，如果不是上市公司就意味着企业与资本市场无法完成对接，金融资本体系的资金无法循环与流通。资本市场有资本市场的规则，新三板企业家应该"入乡随俗"，学习好规则，利用好规则，常态性地连接资本市场，非常熟悉资本市场的水性，在中间游刃有余，如鱼得水。

董秘职能顶层设计

我们在长期的项目服务过程中发现一个很有意思的现象，尤其是在民营上市公司里，董秘都是由几类角色兼职完成，代表性的有以下几类人：

第一类是老板的亲戚。比如老板小姨子、小舅子、侄子、女儿等。

第二类是老板的亲信。比如秘书、助理等。

第三类是公司元老。在公司股改过程中，因为涉及法务、财务等与证券相关事务，从而兼职董秘，甚至还要同时分管生产或者其他业务。

第四类是从公司底层一路干起的员工，从法务或财务经理一路进入董秘角色。

近年来，A股的市场化改革进程和新三板的注册制浪潮，全面加速了职业董秘群体的兴起。

董秘作为官方法定的资本市场和企业的沟通人，处在上市公司内外关系的"交叉点"上，是上市公司与外界联系的桥梁和纽带，处在各种内部利益关系的"焦点"上，是资本圈最了解上市公司、公司里最了解资本的人。

董秘必须充分发挥组织、协调、沟通的作用。在过去，董秘只需要做好"三会"事务、信息披露、资金监管、内控建设、投资者关系管理、公司治理等方面，监督公司董事、监事和高级管理人员遵守法律，并完成法规、规章、规范性文件、相关部门其他相关规定及公司章程。我们将此称之为董秘的"合规性事务工作"。在目前新三板环境下，因为注册制的影响，供求关系开始发生变化，董秘的所属开始不断被放大，在做好合规性事务工作前提下，还需要懂得投资并购、产业研判与战略执行、股权吞吐、融资筹划、市值管理甚至股东财富管理，整个董办需要承担新三板公司成长过程中的整个资本运营需求。

以投资者关系为例，"投资者关系管理"的职能狭义的定义主要指的是管理买卖公司股票的二级市场投资者，但在目前的环境下，则包括了影响公司市值各个环节的主体，包括媒体关系（MM）、研究员关系（AM）、投资者关系（IM）、监管关系（RM），同时还包括中介关系，含投行、会计师、律师、并购、咨询等。

以终为始，找到董秘工作落地的主线目标

董秘需要做好整个公司资本战略中的职能顶层设计工作，除了思考整个公司资本战略的定位和规划问题，落实在落地过程中并购信息披露、战略、市值管理、投资者关系等工作在董秘中的职能划分，在职能定位上还需明确公司在整个公司全年的资本战略节奏和策略。经常有上市公司的老板要做价值传播与投资者关系，但并没有想清楚为什么要做，也没有想清楚自己到底是为了并购还是为了减持，因此，定调整个资本节奏策略的工作主线是董秘职能的顶层设计，以明确未来一段时间整个资本动作展开的组合与步骤，再以终为始，倒推董办整年工作的开展。

投资者关系管理是新三板价值传播的核心工作，重中之重则是明确不同阶段的策略与风格，与上市公司全年资本规划密切相关。上市公司在投资者关系管理中需要注意四个关键：预判周期、宏观筹划、阶段推进、系统发力。预判周期核心是定调资本动作的宏观策略之后，进一步完成对整个资本市场周期的判断，判断其是否符合资本动作展开所需要的环境与条件；宏观筹划即结合整个资本市场周期整体筹划资本动作的展开计划；阶段推进是指阶段

性地推进工作，基于每一阶段的资本动作关键节点匹配相应的资源以及能力；系统发力即做好整体部署，做好前后工作相互呼应与整体把握，使每个单点效率最大化。

做好顶层设计需要始终明确上市公司的资本形象和资本品牌是最高的无形资产，在确定策略与节奏时，忌讳临时抱佛脚，需要拿捏好分寸感。向资本市场融资，资本品牌和资本市场的信任极为重要。有些公司凭借自己在资本市场的品牌形象和背书就能持续拿钱，而且很轻松，有些公司就不行。

有些公司从来不与资本市场进行互动与路演，还有公司则每天在外与投资者沟通，这两种极端都不好。核心是什么呢？第一，适度清高。不要上去就跟别人谈3年市值规划，投资的关键是找到未来能够持续盈利的公司，把业务说清楚，反映公司的投资价值。第二，一定要注意分寸感。不要让资本市场觉得公司在炒股票，在与资本市场博弈。第三，非常忌讳临时抱佛脚。要避免平常不理资本市场，要钱了才开始找人。

最后，完成对董秘职能的长期思考和规划，需要明白短期工作目标是什么、长期工作方向是什么。要明确上市公司在资本经营中的短、中、长期目标：短期见利见效；中期明确市值增长目标、市盈率增长目标、融资与股权吞吐目标；长期建立长效机制，包括组织体系的有效和人才队伍的成长等，进而打造属于自己的资本市场标杆，在中国资本市场上率先探索"××模式"，积累经验，全面提升公司的资本市场信誉和品牌声誉。

第 **3** 章

产业战略：充任产融互动的核心角色

一家上市公司持续的产融互动资本经营，董秘起到了不可或缺的作用，作为产业中最懂资本市场、资本市场中最懂公司的人，甚至可以说，他们是内部唯一能够帮助公司完成资本视角下产业与战略研判的核心角色。

我们接触的新三板上市公司多数规模不大，利润刚刚突破千万量级，这类公司普遍有两类特征：

一类是原有的小企业。它们一直在细分行业经营，具备一定行业壁垒，积累了 know-how 的能力，但因行业需求相对细分、模式相对传统且规模有限，难以长大。在当前新常态的经济环境下，这样的细分行业增长可能更加乏力，实现突围就成为企业成长的战略路径选择。

二类是细分领域的小企业。细分需求快速增长爆发催生新的机会与模式，这类公司跟随行业需求快速崛起，但由于体量较小，需求升级的过程中面临的竞争环境非常复杂，行业巨头甚至其他行业的上市公司都可能进行产业布局，因为行业利润率和资本投入量的变化非常大，有爆发力的中小企业随时可能成为大企业的并购标的或者围剿对象。这类公司思考战略环境时不仅要考虑产业格局中的机会，更要考虑产业巨头的竞争环境。

在资本市场环境下如何完成系统思考，如何借力资本，如何在资本要素下实现战略价值最大化，是大部分新三板公司都需要思考的问题。

上市公司战略设计的"速度感"

有战略管理理论一定程度上认为"战略管理是个慢变量","战略决定十年后的生死,但不决定当下利润",但在中国目前的商业环境下,从资本偏好与市值角度倒推,上市公司和新三板公司的战略设计与成长节奏设计必须具备"速度感"。

相比过去,当前企业的战略思考必须纳入三个要素:一是国内政策环境与经济现状下的非稳态产业结构,如近年的国企改革;二是A股资本市场要素,资本市场的波动带来的增量资源空间;三是互联网要素对传统商业模式重塑带来的战略转型机遇,如互联网金融。

结合以上三个要素,上市公司战略设计的"速度感"主要体现在三个方面:

一是成长预期的"速度感"。战略的本质是企业对未来的布局与谋划,而资本市场以企业的成长预期作为估值体系的底层逻辑。一个企业要得到资本的偏好与认同,战略设计就必须具备足够的"稀缺性"和"爆发力"——稀缺性决定企业成长的愿景与预期问题,爆发力则解决战略的节奏与路径的问题。成长预期反映在企业估值上,估值变化又传导至市值变化,市值作为上市公司的核心战略资源,变化的本质是预期对资金的牵引,促成资本的牵引与资源相互转化。

二是战略落地的"速度感"。企业管理问题,有些是供研产销问题,有些是管理文化组织问题,外部管理咨询机构作为企业的医生,面对一堆混杂问题,需要思考如何破局、如何下刀。对于上市企业来说,从资本要素破题是其战略落地必须要思考的,资本问题的本质往往是以"资本换增量,增量带存量,在增量发展中解决存量的矛盾"。有时候先动起来比先解开条条框框更重要，市值增量使得股权激励的效果升级而缓解管理问题，使得并购与再融资的体量提升而加速成长，使得股权质押与增减持的资金吞吐量放大而增加股东财富。

三是能力发育的"速度感"。非上市企业新业务的孵化或者转型升级往往需要几年甚至更长时间，但具备资本平台的上市公司能力发育却存在非线性能力演进的可能性。A股资本市场战略转型与能力发育最直接的方式就是自上而下地挖掘产业机会，然后通过资本增量换来"买一条产业链"式的战略机会。传统战略管理分析工具的"战略三要素"（外部产业机会、内部资源能力、企业家愿景）一定程度上演变成了"资本能力+企业家梦想"。

"速度感"使得相对静态的战略分析与管理更加动态化，要求把握好节奏感。从企业家能力看，需要能够捕捉"机会"——企业成长周期的机会，也是产业周期的机会，更是资本市场周期的机会。

企业竞争路径的两个核心

企业战略成长的"速度感"对应企业竞争路径的两个核心：一个核心是使企业成长的"速度感"成长为资本市场认可的投资逻辑，另一个核心是"速度感"的背后对应不同资源体量的成长路径。

那么，上市公司该如何进行价值塑造，向投资者传递成长预期的"速度感"呢？举个例子来说明。

案例：一家传统仪器设备公司的价值重塑

D公司是一家生产煤炭检测仪器的民营上市企业，生产的产品用于煤炭质量检测、煤炭等级评定，是煤炭生产企业的必备仪器。

但煤炭行业江河日下，投资者普遍无兴趣，利润再高，估值空间也会受限，这类企业往往是利润增长但估值下跌，利润不涨则估值更跌。他们迫切需要重新思考自身战略，进行战略升级。

作为一个传统的仪器生产厂商，D公司企业战略该如何设计，公司发展要何去何从，企业价值应该如何描述呢？

从产业发展规律看，仪器完成的是数据的采集与相应的服务，而客户的本质需求则是通过数据的监测完成业务运营效率的升级。如果D公司能够进一步将检测仪器智能化，将其升级为煤炭行业甚至燃料行业的智能管控系统，最终把公司总部变成物联网云平台和中央数据库，即以仪器为数据入口，通过智能化物联网平台，构建云数据中心，推演出一系列重要的商业数据，通过煤炭的消耗量推测中国的发电量，进而推断中国经济的实际增长情况、经济景气状况等，则可以这些思路重新定位公司的战略方向、想象空间和战略价值，并通过新一轮的价值描述完成公司投资价值的升级。

在价值描述的过程中，有些企业往往会走入就"产品价值"谈"公司价值"的误区，但投资人公司投资价值的认知则是战略价值第一位，对资本市场而言，仪器质量、性能、成本竞争力等都是小事情——说螺丝钉本身多好意义不大，要讲整个机器的性能。

接下来，我们用产业逻辑来演绎一个三国的故事。

三国的战略故事

魏蜀吴争霸天下的时候，每位头领背后都有一位"咨询师"，刘备背后是诸葛亮，曹操背后是郭嘉，孙权背后则是鲁肃。他们通过产业研究、分析发现，这个行业最关键的产业咽喉，也就是我们今天所说的产业竞争与布局的关键节点，就在荆州，因为荆州是三处势力交界的核心地带，是兵家必争之地，正所谓"欲取天下者必先取荆州"。

第3章 产业战略：充任产融互动的核心角色

曹操此时已经占据了一半的产业市场份额，整个北方都是他的。他觉得未来只要拿下荆州先往东边整合孙权，再往西边整合刘备，之后进军益州与汉中，就能最后一统天下，完成行业整合。在这样的战略背景和产业布局思路下，曹操是怎么做的？他直接带着80万大军奔赴荆州，跟孙权、刘备打赤壁之战，搞阵地战。这跟现在一些行业巨头一样，北方没有市场机会，细分行业没有机会，到了开拓新市场机会的时候，要布局一个行业或者跨行业，先砸十亿，用低价策略把行业里排名前三的小公司的利润打到零。等行业前三公司活不下去的时候，再低价收购它们，完成行业布局。可能它并不属于这个行业，但却因为是资本巨头或其他行业巨头，就可以用这种高举高打的方式，迅速取得行业龙头地位。这就是曹操的打法。

不同体量的打法是不一样的。曹操可以这样做，孙权就不能。孙权也知道这个地方是要害，而且自己已经占了三分之一。这种情况下，他提出的战略是，把荆州全盘拿下，然后吞并刘表，再西进益州和汉中，最终跟曹操划江而治。这是孙权对产业的规划。在这样的规划里，他是如何安排战术的呢？——边打边劝降。孙权尽一切努力劝服刘表卖给自己，和自己联合起来面对共同的敌人曹操，"我并购你"，如果决绝接受并购，我就跟你竞争，让你没有机会，所以派鲁肃去荆州对刘表边打边劝降。这就是孙权这个体量的竞争者应采取的策略。

对于刘备这样的小公司来说，战略逻辑又应是什么样的？首先，刘备本来就在荆州，但荆州并不是他的，是刘表的，所以诸葛亮给他出的策略是，拿下荆州不能明抢，只能扶持大儿子，然后把大儿子废了，自己当荆州牧，也就是"借壳上市"。拿下荆州后，再进益州拿汉中，三分天下。这是刘备这样的小体量公司的战术打法。

在这样的逻辑下，我们发现规模体量与竞争路径密不可分，不同的投资逻辑对应不同发展阶段与不同市值体量下的战略布局，战略战术必须与当前的资源能力相匹配，不同的阶段有不同的成长故事。"故事"的本质是上市公司基于未来发展战略而总结出的成长逻辑，需要根据不同的阶段进行动态的调整，核心在于从更高的资源层面思考公司的发展机会，考虑市值最大化前提下的战略布局，通过战略升级消化增量资源。新三板的企业家和董秘与资本市场做沟通时，切忌贪大求全，为了迎合资本市场而将战略表达得过于虚幻，其实往往真正可跟踪、可证伪的战略才是让资本市场有"安全感"的战略。

欧菲光的战略逻辑：投资逻辑完备是关键

上市公司真正知道自己经营和资本运作的逻辑是什么，这一点，中小板上市公司欧菲光堪称标杆。

欧菲光于2010年8月上市，主营精密光电薄膜元器件的研发、生产和销售。这是触摸屏行业的一个细分市场。2010年，触摸屏兴起时，由三块屏幕构成，最上面一层是盖板玻璃，属于防护屏，中间一层是触摸屏，最下面一层是LCD显示屏。上市前欧菲光做的主要业务之一是给中间一层触摸屏进行镀膜，是一个极度细分的行业。上市的时候，公司发行市值只有28.8亿元。

在上市背景下，欧菲光提出了第一代战略——从镀膜做到触摸组件，即镀膜完直接把组件加上去，形成模组产品，这样就能跨过原来下游的组件厂商，直接给手机组装商富士康等供货。往产业链下游走的战略实施后，公司市值上升至70亿元，实现了翻番。

紧接着，欧菲光提出了第二代战略——三块屏变一块屏方案。欧菲光认为，从产业发展趋势上看，手机一定会向轻薄化发展，屏幕层数一定会减少。当时有其他公司提出做两块屏解决方案，市场给了很好的估值，但欧菲光提出了"触控一体化"战略，也就是说，以前三块玻璃、三家公司做的事情，它要一个人来做。欧菲光坚定一块屏解决方案之路，最终成了行业里第一个完成OGS（一块屏解决方案）并实现量产的公司。目前苹果以及国内很多高端机的一块屏技术均来自欧菲光。战略实施过程中，欧菲光采用了并购方式，逐步走向世界第一，欧菲光市值一路飙升超过 100 亿元。

欧菲光用两三年时间做到了行业第一，那接下来的战略在哪里？对于欧菲光而言，下游的触摸屏客户群、微摄像头模组客户群和生物识别系统是重叠的，围绕同一客户群的多元化业务战略逐步显现。欧菲光的镀膜工艺技术为其进入手机摄像头领域积淀了一定基础，从 2012 年开始进入影像系统领域，仅用了一年多时间就迅速进入了国内领先阵营，2014 年公司重点进军微摄像头模组，境外收购了美国 Tessera 全资子公司 DOC 公司独有的 MEMS 技术相关资产，一下子成为全球排名前列的手机微摄像头生产商。2014 年公司又进入生物识别领域，生物识别最直接的应用是指纹识别。仅半年有余，欧菲光就建成了中国最大的指纹识别模组工厂，与各芯片厂商紧密合作，有望打破目前指纹识别市场依赖韩系厂商的现状。现在欧菲光已经成为 iPhone 的 Home 键供应商。在这两个领域，欧菲光也对市场表明了自己的信心——进入全球前三。在上述战略的牵引下，欧菲光的市值又从 2012 年下半年的 100 亿元一路飙升，在 2013 年 4 月超过 250 亿元，此后一年半持续保持在 200 亿元至 300 亿元区间。

在营业收入达到近 200 亿元、净利润近 7 亿元的规模体量后，2015 年，欧菲光提出，除原有移动互联行业业务升级外，进军智慧城市产业和智能汽车产业。其中，围绕智慧城市推进公司业务链延伸和价值转型战略，切实整合行业资源并提升平台服务能力，实现从硬件制造商向工程总包及综合运营服务提供商的转变，志在成为国内领先的智慧城市一体化解决方案系统集成商。同时，欧菲光基于已有的技术积累，抢占车载终端——GPS 屏，并且已完成了一起车载系统公司的并购，通过整合汽车电子、智能驾驶和车联网关键环节的优质资源，提出了成为全球第一大车联网厂商的战略愿景。这样，欧菲光便从硬件商变成了"硬件 + 软件 + 运营"的集成商。

随着战略的提出与落地，欧菲光的市值继续一路走高，最高时在 2015 年

6月达到了500多亿元。在其提出进军车联网时,资本市场曾有分析师给出了千亿市值的估值。

我们发现,它的每一步都是在前一步的基础上逐步叠加、发展而来的。纵观欧菲光的战略演进历程,它并没有在只能镀膜的时候告诉市场,自己要做三个全球第一。因此,在考虑战略时,一定要基于资源一步一步向上演进迭代,使得战略逻辑能够完备。

复星集团的上市之路:清晰描述战略定位

公司上市前想清楚自己的战略定位与逻辑,并且用一句话清晰描述并传递给投资者,这点上,复星集团是一个代表。

复星是中国最著名投资机构之一,它上市的故事堪称展现了价值描述的艺术。复星在香港上市前有六大业务板块:第一块是医药板块,以复星医药为主体,下面有国药控股、海翔药业、金城医药,其中后两家是深交所上市公司;第二块是房地产板块,主体是复地集团——一家香港上市公司;第三块是钢铁板块,先收购了上市公司南钢股份的母公司南京钢铁,紧接着进行产业整合,收购了建龙集团和宁波钢铁;第四块是矿业,旗下有海南矿业(当时正在筹备IPO)、金安矿业、华夏矿业等;第五块是零售,旗下有豫园商城等;第六块是金融及战略投资,有德邦证券、永安保险等。

从表面看,复星这家公司业务主线很乱,而且旗下有一群上市公司。复星启动上市时,高盛、GP摩根、美林等国际知名券商一一找上门,但谈到最后都不愿意为其做上市服务,原因在于非相关多元化的业务板块结构在国际成熟资本市场的估值一般都很低,如果强行提价发行,对证券公司风险太大。

那复兴到底该如何描述自己的战略,以提升估值空间,走出这一困局呢?在一次谈话中,UBS投行部负责人蔡洪平不禁向复星当家人郭广昌提问:根据哈佛商学院经典理论,非相关多元化公司成功概率很低,为什么复星15年来如此成功,进军各类行业都斩获颇丰?郭广昌想了想,说:我们多年来做产业投资的核心能力是在中国宏观经济的增长周期中率先发现产业机会,围绕下一轮的经济增长做产业布局,第一给钱,第二给资源,就做产业投资者。蔡洪平恍然大悟,投行不应该把复星定位为非相关多元化的公司,复星的核心定位是中国经济腾飞过程中的产业机会发现者,是关注最前沿产业机会的产业投资者,是中国的伯克希尔·哈撒韦。这样就不必再费力气向投资者解释六个业务板块之间的业务关系和逻辑,只需要告诉市场:这些产业都是中国经济增长的最前沿,便能够大大提升投资者对公司的成长预期。

按投行家蔡洪平的价值描述,复星重新进行资本市场路演,最终成功上市。在香港市场,质地非常好的公司市盈率在 8~12 倍左右,但复星以将近 20 倍的市盈率上市。

实际上,不只是复星集团,任何一家公司都是"横看成岭侧成峰,远近高低各不同",关键是看谁去描述、如何描述。很多公司的简介,企业家都交给办公室或总经理处理,实际上是不够重视。作为企业家,一定要审视公司网站,看看公司简介如何描述公司。简介如何描述公司,公司内部和外界便如何看待公司。公司战略的价值描述是很有讲究的,关键是从何种角度以何种方式进行描述。实际上,战略描述的过程也是价值塑造的过程,价值描述牵引价值塑造的方向。

一个真实的新三板战略设计与产融互动案例

九鼎投资——新三板的私募股权逆袭

私募股权投资机构发展通常面临三大痛点:一是自有资本来源困难;二是留存资本少甚至无;三是投融周期错配,资本市场热的时候融资容易投资难，资本市场冷的时候投资容易融资难。九鼎投资成立于 2010 年 12 月，2013 年 10 月在管的股权基金累计投资项目 209 个，2012 年 10 月至 2014 年 1 月期间 A 股 IPO 关闸让公司发展一度停滞，手中的诸多项目面临退出难题，为了融资拓宽渠道和实现 LP 退出，2014 年 4 月 29 日正式挂牌新三板，开启了 PE 登陆资本市场的先例，同时也创新性地利用 LP 基金份额置换股权的方式打开了 LP 新的退出渠道。

百亿定增完成跨市场超越

九鼎投资在新三板挂牌上市后，持续募集资金，至 2015 年底累计融资 158 亿元，再计划融资 55 亿元，其中挂牌时以 610 元/股的价格向 138 名投资者（包括 7 名原股东）增发 579.8 万新股，募集资金 35.37 亿元，增发后总股本达 1829.8 万股，市值约为 112 亿元。九鼎投资 2014 年全年两次定增合计 57.87 亿元，而 2014 年全年新三板股票发行融资规模也仅为 120 亿元左右。2015 年 11 月 2 日，九鼎投资第三次定增发行，募资 100 亿元，成为新三板史上最大规模融资。2015 年 11 月 13 日，在百亿定增刚实施完毕后，九鼎投资发布第四次定增方案，拟募资 55 亿元（见表 3-1）。

表 3-1　九鼎投资历史融资金额

序号	时间	价格（元）	股票发行量（万股）	募集资金（亿元）	发行前 PE
1	2014-04-28	610.00	5797	35.37	294
2	2014-08-07	3.92	57 383	22.5	392
3	2015-11-02	20.00	50 000	100	100
4	2015-11-13	22.00	25 000	55（拟）	—

金控平台战略浮出水面，剑指大金融全业态

2014 年开始，在持续募资的背后，九鼎投资凭借其积累的人脉与娴熟的资本运作手法，用时不到两年就拿下了金融领域的全牌照，从一家私募股权

第3章 产业战略：充任产融互动的核心角色

企业一跃成为大金控集团（见图3-1），目前市值超过千亿。新三板挂牌以来，在资本推动下，九鼎投资注册资本2亿元设立了公募基金管理公司九泰基金，出资3.6亿元收购了九州证券，联合103家上市公司实施面向大学生创业的晨星成长计划，出资3.2亿元创办基金劣后投资业务的龙泰九鼎、7000万元收购第三方支付公司金佰仕，出资20亿元设立互联网金融平台九信金融……随后，又牵头设立民营银行和人寿保险公司，还挖来中国太保董秘方林任副总经理负责保险公司筹备，又以约107亿港元现金收购富通集团香港全资子公司富通保险。至此，大资管平台雏形渐显。

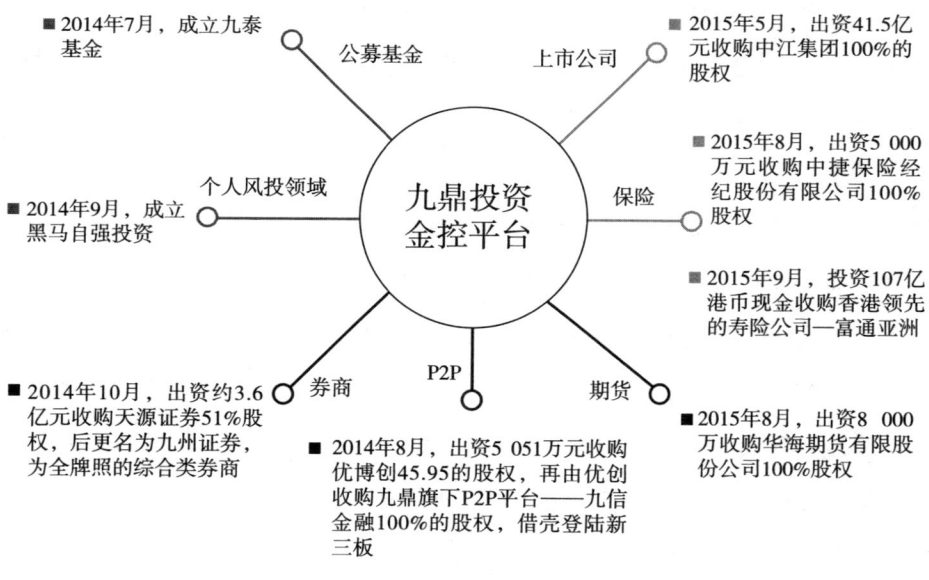

图3-1 九鼎投资金控平台

收购中江集团绕道控股上市公司

在大资管平台扩张之路中，尤为值得一提的是九鼎投资控股主板公司中江地产。2015年5月15日，九鼎投资在江西省南昌市江西省产权交易所通过电子竞价的方式以41亿元拍得中江集团100%的股权，从而间接持有A股上市公司中江地产72.37%的股份。9月22日，对中江集团的收购获得国务院国资委、江西省国资委的同意批复，九鼎投资正式实际控制中江地产，完成了金控平台战略中的上市公司版图。

与绝大多数私募机构不同，九鼎的挂牌主体九鼎投资并未登记为私募管理人，仅作为控股公司存在，私募业务由子公司昆吾九鼎运营。这是非常精心的顶层设计，使得九鼎投资在私募、公募、保险、证券、银行等业务板块的布局清晰、可行，将私募业务装入上市公司的路径美妙、轻松。

借壳上市之后，九鼎集团将旗下私募股权投资业务昆吾九鼎注入上市公司。昆吾九鼎资产总额139 444.28万元，交易价格为90 986.2万元，占上市公司控制权发生变更的前一个会计年度（即2014年度）经审计的合并财务报表期末资产总额的55.36%，未达到100%，故中介机构认为现金收购交易构成"重大资产重组"，但不构成"借壳上市"，无须进入严苛的审批程序。2015年12月1日，承载九鼎投资私募业务板块的昆吾九鼎已过户至中江地产名下；12月3日，中江地产修改公司章程、变更经营范围，增加"投资管理、投资咨询"业务板块，随后更名为"九鼎投资"。至此，九鼎投资的私募业务装入上市公司。同年11月，中江地产发布定增预案，向同创九鼎、拉萨昆吾（九鼎投资全资子公司）和中江定增1号募集120亿元资金用于基金份额出资和"小巨人"计划两个项目，其中前两者以每股10元合计认购11.56亿股。发行完成后九鼎投资合计持有中江地产90%的股份。

回顾九鼎千亿级市值的金控平台发展之路，新三板近两百亿元的融资额度为其战略并购与扩张提供了充裕的资金支持。九鼎在私募股权机构中的创举可以称之为伟大，因为新三板，九鼎目前的千亿级市值体量与管理2万亿资产的全球私募股权巨头黑石投资不相上下。

第 4 章

投资银行：熟知投行工具，优化交易结构

毫无疑问，董秘在上市公司的投融资相关工作中承担着无可替代的责任，责任的背后是对投行工具的熟练使用，只有熟悉熟知国内各种常用的金融工具，才能有效优化交易结构设计。

熟知常用投行工具，优化交易结构设计

真正的资本投行家就做两件事：第一，价值发现；第二，交易结构设计。这两件事，尤其是交易结构设计，是围绕资源展开的，处于投行资本圈的食物链顶层，剩余的事则一层一层往食物链下端走，与二级市场股票交易中大鱼吃小鱼的生态链逻辑相同。

常用的资本工具（部分举例）

一、再融资：

1. 结构化、定向增发、公开增发、配股、优先股；

2. 公司债、企业债、公募债、私募债、可转换公司/交换债券、分离交易的可转换公司债；

3. 中期票据、商业票据；

4. 股票质押式回购、股票约定式回购、收益互换；

> 二、投资并购：
>
> 1. 参股投资、重大资产重组、借壳、资产注入；
>
> 2. 并购基金、产业基金、高收益理财；
>
> 三、增减持：大宗交易、集合竞价、协议转让、定向增发、要约收购；
>
> 四、股权激励：员工持股计划、股票期权、虚拟股票、限制性股票、股票增值权、账面价值增值权；
>
> 五、上市：分拆上市（新三板）、整体上市、A＋H、海外上市、拆VIE回国上市……

蓝色光标的并购成长之路

蓝色光标成立于1996年7月，通过为思科、IBM等世界500强公司提供公关服务发家，是一家定位于品牌管理和营销服务的专业企业，2010年2月于深圳创业板上市。上市至今，其实施的参控并购近50起，其中仅2014年就31起。

外延式发展战略的结果是：一方面，公司的营收规模与业绩体量迅速攀升，估值提升并长期维持在高位。2010年至2014年五年间，公司营业收入从4.96亿元跃升到59.79亿元，上涨超12倍，其中内生增长占比约1/3，剩余2/3靠并购获得。净利润则从0.61亿元飙升至7.12亿元，增加近11倍。2016年3月31日，蓝色光标在经历2015年的三次股灾之后，市值仍维持在200亿元，牢牢占据了互联网营销行业龙头的地位。

另一方面，公司从一家本土公关品牌公司成长为国际品牌管理与营销服务综合集团。业务领域从早期的公关服务拓展至整合营销（包括数字营销、公共关系、广告创意策划和媒体代理、活动管理和国际传播等）、电子商务

第4章 投资银行：熟知投行工具，优化交易结构

(传统品牌商互联网+解决方案，O2O 营销和电商代运营)、移动互联和大数据（以大数据业务为支撑的移动互联业务与空中互联业务等），旗下拥有蓝色光标数字营销机构、蓝色光标电子商务、智扬公关、博思瀚扬、思恩客广告、精准阳光、今久广告、博杰传媒、蓝色天幕、蓝色方略、亿动广告、多盟等多个本土业务品牌，以及香港 Metta 广告、We Are Social，Fuse Project，Vision7 及 Huntsworth 等海外业务品牌。公司客户达 1500 家，其中近百家全球财富 500 强企业，涵盖信息技术、汽车、消费品、房地产、互联网、金融、文化娱乐等多个行业。

蓝色光标上市后的发展史，堪称一部采用多种投行资本工具、集股权吞吐与投融资并购等各类资本运作于一体的教科书。

蓝色光标参考国际传播集团 WPP 的成长之路，确立了公司外延式并购发展的战略。2010 年 2 月，公司上市募资 6.21 亿元，其中，原定募资 1.6 亿元，超募 4.61 亿元。手握重金的蓝色光标在两年内收购了 4 家公司，参股 3 家公司，投资 3 家公司，累计投资金额近 9 亿元。股票发行是其收购交易的重要支付方式，例如，在对今久广告 4.35 亿元的收购中，支付方式为"25%现金+75%的股票发行"。通过上述并购，公司从传统的公关品牌业务拓展至数字营销和会展活动管理。

2012 年，公司一方面持续进行增资收购或参股，另一方面强化管理，持续整合内部资源。其中，以"25%现金+75%的股票发行"的支付方式完成了对分时传媒价值 6.6 亿元的收购；以自有资金 1.78 亿增资央视广告代理商博杰广告，获得其 11%的股权；同年 12 月，发行三年期债券 2 亿元，补充资金。截至 2012 年年底，蓝色光标成了亚洲最大的公关公司，市值跃升至 100 亿元。

2013 年，蓝色光标开启数字化与国际化转型，在国际化并购中，银行并购贷款等债务融资成为重要的资本工具。同年 4 月，蓝色光标通过子公司香港蓝标，通过先向银行并购贷款后发行股份还债的方式，以 3.47 亿元收购全

球公关巨头 Huntsworth 19.8% 的股份，成为其第一大股东；12 月通过子公司蓝标国际以债务融资 5.47 亿元的方式收购 We Are Very Social Limited 82.84% 股权……公司全年累计投资达 25 亿元。12 月创业板回调至股价低位，公司实施了三年期股权激励，对员工定向增发限制性股票 1200 万股，占总股本的 2.58%。这一年，在以数字化和国际化为主题的系列并购扩张下，蓝色光标市值持续飙升，一度突破 300 亿元，创业板指数回落时，市值仍维持在 200 亿元水平。

2014 年，公司总计投资参股或控股公司 31 家，其中包括移动互联网及大数据公司 8 家、电商 3 家、移动 APP7 家、创意与社会营销 5 家。在多元化的战略布局和扩张中，参股是重要的投行工具，例如，以 4300 万元参股壁合科技获得 25% 的股权，以 1500 万元参股微岚星空获得 30% 的股权，以 4800 万元参股掌上云景获得 24% 的股权，以 2400 万美元参股 Admaster 获得 11.69% 的股权，以 2500 万美元参股 Zamplus 获得 14.29% 的股权等。在国际化方面，蓝色光标全年累计投资超过 20 亿元，为了弥补资金不足，公司申请发行了六年期 14 亿元可转债，而收购北美传播巨头 Vision 7 的 9.59 亿元资金也源于银行贷款。

在 2014~2015 年的持续扩张中，蓝色光标的市值起初徘徊在 200 亿元~300 亿元区间，但在开启移动互联网营销及大数据方向的扩张后，在创业板持续火热的推动下，股灾前其市值一度逼近 500 亿元。

在蓝色光标的外延式扩张过程中，公司投融资合计超百亿元，在不同的资本周期、不同的发展阶段、不同的交易情形下，公司采用了不同的资本工具（定向增发、公司债、可转债、参股控股并购、对外投资、股份支付、重大资产重组、并购基金、股权激励、分拆挂牌新三板等），并综合多方面因素设计交易结构，最终实现了以并购投资为主线的拓展逻辑，成就了其品牌公关与互联网营销行业的霸主地位。

再融资是新三板资源分配的分水岭

再融资一直被看作资本市场活跃度的重要指标,定增融资一直是新三板的一个重要命题,但是目前整个新三板的再融资情况差异非常巨大,甚至两极分化非常严重。

一、定向增发流程

新三板定增流程相对简单,主要流程可以分为五个阶段,具体流程见图:

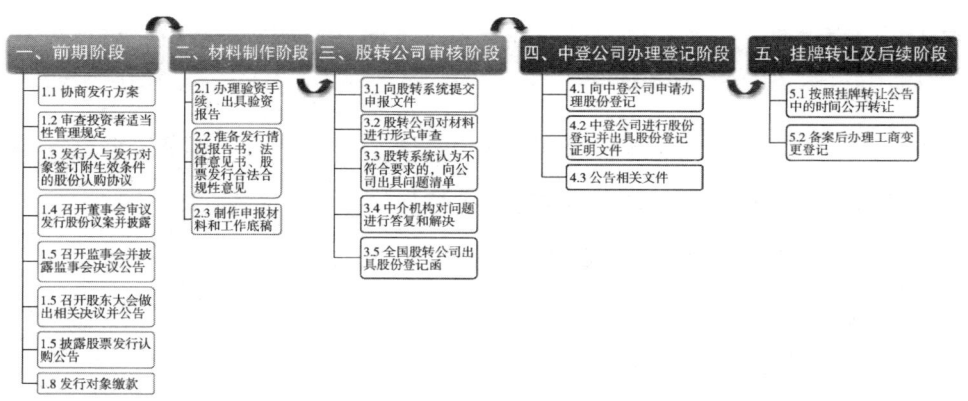

图4-1 新三板定向增发流程

(一)前期阶段,主要事项包括:

协商发行方案;

审查投资者适当性管理规定;

发行人与发行对象签订附生效条件的股份认购协议;

召开董事会审议发行股份议案并披露;

召开监事会并披露监事会决议公告;

召开股东大会做出相关决议并公告；

披露股票发行认购公告；

发行对象缴款。

注意事项：

股东人数超过 200 人的公司申请其股票公开转让，应当按照中国证监会有关规定制作公开转让的申请文件，申请文件应当包括但不限于：公开转让说明书、律师事务所出具的法律意见书、具有证券期货相关业务资格的会计师事务所出具的审计报告、证券公司出具的推荐文件。公司持申请文件向中国证监会申请核准。中国证监会受理申请文件后，依法对公司治理和信息披露以及发行对象情况进行审核，在 20 个工作日内做出核准、中止审核、终止审核、不予核准的决定。证监会核准通过后才能按照上述流程进行股票发行工作。

股东人数未超过 200 人的公司申请其股票公开转让，中国证监会豁免核准，由全国中小企业股份转让系统进行审查。

（二）材料制作阶段，主要事项包括：

办理验资手续，出具验资报告；

准备发行情况报告书、法律意见书、股票发行合法合规性意见；

制作申报材料和工作底稿。

注意事项：

挂牌公司应在定向发行的验资完成后十个转让日内，向全国股转系统服务窗口报送《挂牌公司定向发行股份备案登记表》及相应备案材料。关于备案具体流程及准备材料，挂牌公司可以参见已发布于股转系统公司官网的《定向发行备案业务指南》、《非上市公众公司监督管理办法》第 5 章、《业务规则（试行）》第 4 章第 3 节以及《投资者适当性管理细则（试行）》的有关规定。

发行对象用非现金资产认购发行股票的，还应当说明交易对手是否为关联方、标的资产审计情况或资产评估情况、董事会关于资产定价合理性的讨论与分析等。

（三）股转公司审核阶段，主要事项包括：

向股转系统提交申报文件；

股转公司对材料进行形式审查；

股转系统认为不符合要求的，向公司出具问题清单；

中介机构对问题进行答复和解决；

全国股转公司出具股份登记函。

注意事项：

根据《非上市公众公司信息披露内容与格式准则第 4 号——定向发行申请文件》，申请定向发行行政许可需提交挂牌公司最近两年及一期财务报告及其审计报告，其中年度财务报告应当经过具有证券期货相关业务资格的会计师事务所审计。财务报告在最近一期截止日后 6 个月内有效，特殊情况下，可以申请延长，但延长期至多不超过一个月。申请行政许可提交的财务报告应当是公开披露的定期报告。为满足挂牌公司的融资需求，防止年度报告、半年度报告披露前因财务报告有效期问题影响融资安排，鼓励有持续融资安排的挂牌公司自愿披露季度报告。

挂牌公司股票发行在取得全国股转系统出具的新增股份登记函后，应当在 10 个工作日内向中国结算申请办理新增股份登记手续。

挂牌公司在取得股份登记函之前，不得使用本次股票发行募集的资金。

（四）中登公司办理登记阶段，主要事项包括：

向中登公司申请办理股份登记；

中登公司进行股份登记并出具股份登记证明文件；

公告相关文件。

注意事项：

定向发行完成备案需向全国股转系统提交"中国结算出具的股份登记证明文件"，包括："新增股份登记确认书""非上市公司股本结构表""证券持有人名册"。挂牌公司应将加盖公司公章的上述文件复印件交至全国股转系统以完成备案。

（五）挂牌转让及后续阶段

按照挂牌转让公告中的时间公开转让；

备案后办理工商变更登记。

注意事项：

拟连续发行股票的挂牌公司，应当在前一次股票发行的新增股份登记手续完成后，才能召开董事会审议下一次股票发行方案，也就是说挂牌公司前一次股票发行新增股份没有登记完成前，不得启动下一次股票发行的董事会决策程序。

二、定向增发时点

（一）挂牌的同时进行定向发行

《全国中小企业股份转让系统业务规则（试行）》4.3.5："申请挂牌公司申请股票在全国股份转让系统挂牌的同时定向发行的，应在公开转让说明书中披露"，该条明确了企业在新三板挂牌的同时可以进行定向融资。

允许挂牌企业在挂牌时进行定向股权融资，凸显了新三板的融资功能，缩小了其与主板、创业板融资功能的差距。同时，由于增加了挂牌时的股份供给，可以解决未来做市商库存股份来源问题。另，挂牌的同时可以进行定向发行，并不是一个强制要求，拟挂牌企业可以根据自身对资金的需求来决定是否进行股权融资，避免了股份大比例稀释的情况出现。

（二）储架发行

储架发行是相对于传统发行的概念，一般是指证券发行实行注册制的基础上，发行人"一次注册，多次发行"的机制。

《非上市公众公司监督管理办法》第 44 条规定："公司申请定向发行股票，可申请一次核准，分期发行。自中国证监会予以核准之日起，公司应当在 3 个月内首期发行，剩余数量应当在 12 个月内发行完毕。超过核准文件限定的有效期未发行的，须重新经中国证监会核准后方可发行。首期发行数量应当不少于总发行数量的 50%，剩余各期发行的数量由公司自行确定，每期发行后 5 个工作日内将发行情况报中国证监会备案"。

储架发行可在一次核准的情况下为挂牌公司一年内的融资留出空间。如：挂牌公司在与投资者商定好 1000 万元的增资额度时，可申请 2000 万元的发行额度，先完成 1000 万元的发行，后续 1000 万元的额度可与投资者根据实际经营情况再行商议发行或者不发行，并可重新商议增发价格。该制度除了能为挂牌公司节约大量的时间和成本外，还可以避免挂牌公司一次融资额度过大造成股权过度稀释或资金使用效率低下的问题。

三、定向增发对象

新三板挂牌公司定向增发对象的范围包括下列机构或者自然人：

1. 公司股东；
2. 公司的董事、监事、高级管理人员、核心员工；
3. 符合投资者适当性管理规定的自然人投资者、法人投资者及其他经济组织。

此外，挂牌公司在对外发行过程中，关于发行对象的确定，还需要遵循以下规定：

优先认购权：根据全国中小企业股份转让系统于 2013 年 12 月 30 日发布

的《全国中小企业股份转让系统股票发行业务细则（试行）》第八条的规定，挂牌公司股票发行以现金认购的，公司现有股东在同等条件下对发行的股票有权优先认购。每一股东可优先认购的股份数量上限为股权登记日其在公司的持股比例与本次发行股份数量上限的乘积。公司章程对优先认购另有规定的，从其规定。对此，在发行方案中，应明确现有股东优先认购安排，在相同认购价格下应优先满足现有股东的认购需求，或明确现有股东放弃优先认购股票份额的认购安排。关于放弃优先认购，挂牌公司需要与在册所有股东签订书面承诺或声明。目前，很多挂牌公司为了提高发行效率，对《公司章程》进行了修改，直接排除优先认购的适用。

发行对象人数：公司确定发行对象时，除现有股东外，符合本条第2项、第3项规定的投资者合计不得超过35名。

发行对象合规性：公司应当对发行对象的身份进行确认，有充分理由确信发行对象符合本办法和公司的相关规定。

1. 私募投资基金：根据中国证监会《关于加强参与全国股转系统业务的私募投资基金备案管理的监管问答函》（2015年3月20日发布），申请挂牌同时发行股票的，请主办券商和律师核查公司股票认购对象中是否存在私募投资基金管理人或私募投资基金，是否按照《证券投资基金法》《私募投资基金监督管理暂行办法》及《私募投资基金管理人登记和基金备案办法（试行）》等相关规定履行登记备案程序，并请分别在《推荐报告》《法律意见书》或其他关于股票发行的专项意见中说明核查对象、核查方式、核查结果并发表意见。若私募投资基金没有按照规定要求履行登记备案程序，则不能成为定向发行对象。

2. 持股平台、员工持股计划：根据《非上市公众公司监督管理办法》相关规定，为保障股权清晰、防范融资风险，单纯以认购股份为目的而设立的公司法人、合伙企业等持股平台，不具有实际经营业务的，不符合投资者适当性管理要求，不得参与非上市公众公司的股份发行。

全国中小企业股份转让系统挂牌公司设立的员工持股计划，认购私募股权基金、资产管理计划等接受证监会监管的金融产品，已经完成核准、备案程序并充分披露信息的，可以参与非上市公众公司定向发行。其中金融企业还应当符合《关于规范金融企业内部职工持股的通知》（财金〔2010〕97号）有关员工持股监管的规定。

3. 核心员工：核心员工的认定，应当由公司董事会提名，并向全体员工公示和征求意见，由监事会发表明确意见后，经股东大会审议批准。被认定为核心员工的前提是该员工与挂牌公司存在劳动合同关系，即该员工需与挂牌公司签订劳动合同。因此，如果子公司员工未与挂牌公司签订劳动合同，则不能被认定为挂牌公司的核心员工。

4. 外资股东：全国股转系统是经国务院批准设立的全国性证券交易场所，所有符合《合格境外机构投资者境内证券投资管理办法》和《人民币合格境外机构投资者境内证券投资试点办法》规定的合格境外机构投资者（QFII）和人民币合格境外机构投资者（RQFII）均可参与。外资股东办理证券账户应遵照中国证券登记结算有限责任公司《关于外国战略投资者开立A股证券账户等有关问题的通知》。

值得说明的是，如果挂牌公司原有股东、董事、监事、高级管理人及核心员工参与本公司定向发行，不需要适用《全国中小企业股份转让系统投资者适当性管理细则（试行）》中关于机构投资者或者自然人投资者要求。但如果不符合上述要求，亦不可以参与其他挂牌公司定向发行及公开转让。

最后，公司应当与发行对象签订包含风险揭示条款的认购协议。

四、定向增发锁定期

《全国中小企业股份转让系统业务规则（试行）》放松了对挂牌公司股东

的限售要求，不再对新三板增资后的新增股份限售期进行规定，仅对挂牌公司控股股东及实际控制人有"两年三批"的限售要求：

挂牌公司控股股东及实际控制人在挂牌前直接或间接持有的股票分三批解除转让限制，每批解除转让限制的数量均为其挂牌前所持股票的三分之一，解除转让限制的时间分别为挂牌之日、挂牌期满一年和两年。

此外，挂牌前十二个月以内控股股东及实际控制人直接或间接持有的股票进行过转让的，该股票的管理按照前款规定执行，主办券商为开展做市业务取得的初始库存股票除外。

挂牌公司可以在《股票发行方案》或者《股票认购公告》中对（拟）认购对象所持新增股份设置一定的锁定期。否则，定向增发的股票无限售要求，股东可随时转让，但无限售期要求的股东不包括：公司的董事、监事、高级管理人员所持新增股份，其所持新增股份应按照《公司法》第142条的规定（公司董事、监事、高级管理人员应当向公司申报所持有的本公司的股份及其变动情况，在任职期间每年转让的股份不得超过其所持有本公司股份总数的百分之二十五；所持本公司股份自公司股票上市交易之日起一年内不得转让。上述人员离职后半年内，不得转让其所持有的本公司股份。公司章程可以对公司董事、监事、高级管理人员转让其所持有的本公司股份做出其他限制性规定）以及《非上市公众公司监督管理办法》第16条的规定（在公众公司收购中，收购人持有的被收购公司的股份，在收购完成后12个月内不得转让）。

五、定向增发价格

根据《非上市公众公司监督管理办法》《全国中小企业股份转让系统业务规则（试行）》及《全国中小企业股份转让系统股票发行业务细则（试行）》，挂牌公司可以采取定价发行或者询价发行方式，发行价格没有法律要求。

定价发行：发行价格多为挂牌公司和投资者沟通协商确定而成。目前，已实施或公布预案的定向发行挂牌公司中，发行方案中披露了定价依据，大部分公司定价依据为：参考公司所处行业、成长性、每股净资产、市盈率等因素，并与投资者沟通后确定。只有少数公司明确以每股净资产作为定向发行价格，这类公司的共同点是仅对原股东与核心员工进行定向发行，没有外部投资者参与。

询价发行：挂牌公司及主办券商应当在确定的询价对象范围内接收询价对象的申购报价；主办券商应根据询价对象的申购报价情况，按照价格优先的原则，考虑认购数量或其他因素，与挂牌公司协商确定发行对象、发行价格和发行股数。现有股东优先认购的，在相同认购价格下应优先满足现有股东的认购需求。

此外，挂牌公司定向发行应遵循同股同价原则，即同一次定向发行中，不同认购对象的认购价格应保持一致。如果员工认购股份构成股份支付的，应执行有关会计准则并进行信息披露。

六、新三板与A股定向增发对比

与A股定增相比，新三板定增有众多独特之处。新三板定增呈现小额、多次、便捷的特征。小额是指新三板公司单次定增规模较小，包括金额和股数（见表4-1）。

相较于A股上市公司，新三板公司定增在三个环节会快于A股公司：

1. 董事会股东大会审批环节。新三板公司一般具有相对简单的董事会架构与股东结构。在提出增发预案之后，立马就能提议召开临时股东大会通过该预案。而A股上市公司需要较为复杂的董事会以及股东大会审批程序。新三板公司整体规模小于A股公司，因此定增金额也会小于A股公司。新三板公司增发整体会呈现出小额的特征。

表 4-1　新三板与 A 股定向增发对比

	新三板定向增发	A 股定向增发
股票定价	董事会与各方协商	不低于定价基准日的 90%
增发股份锁定	无硬性要求，可自行承诺	一般增发股份需要锁定 12 个月
适用法律法规	《非上市公众公司监督管理办法》、《全国中小企业股份转让系统股票发行业务细则（试行）》	《上市公司证券发行管理办法》、《上市公司非公开发行股票实施细则》、《中国证监会发行监管部再融资审核工作流程》
核准	股东低于 200 人时无须审批	需要证监会审批
募集资金用途	在《全国中小企业股份转让系统股票发行业务细则（试行）》中简单规定董事会决议中需说明资金用途。	《上市公司非公开发行股票实施细则》中要求董事会决议应当明确本次募集资金数量的上限、拟投入项目的资金需要总数量、本次募集资金投入数量、其余资金的筹措渠道。募集资金用于补充流动资金或者偿还银行贷款的，应当说明补充流动资金或者偿还银行贷款的具体数额；募集资金用于收购资产的，应当明确交易对方、标的资产、作价原则等事项。
资金流向监管	无监管	专项账户监管，券商辅导
定向发行制度	新三板实行储架发行制度指一次核准、多次发行的再融资制度。该制度主要适用于定向增发需要经中国证监会核准的情形，可以减少行政审批次数，提高融资效率，赋予挂牌公司更大的自主发行融资权利。	A 股每次增发都需证监会审批
定向增发对象	新三板人数不得超过 35 人，增发对象为公司股东、董事、监事、高级管理人员、核心员工；符合投资者适当性管理规定的自然人和法人。	主板定增对象不超过 10 人，增发对象为法人、自然人或者其他合法投资组织。

2. 证监会审批环节。与 A 股定增都需要证监会宙批不同，新三板大部分的定增不需要证监会审批（只有股东人数超过 200 人的才需要提交证监会审批），这样大大缩短了增发的时间周期。

3. 缴款验资环节。A 股上市公司在缴款验资环节需要财务顾问、托管机构的参与。财务顾问出具合格意见之后，将钱打入托管机构的账户，而新三板公司在这方面比较灵活，无硬性资金流向要求，亦无托管要求。这样的安排使得新三板公司可以多次实施定增。

通过以上分析，我们可以看出新三板增发所耗时间将少于 A 股市场。

延伸阅读：新三板定增之最[①]摘录

增发次数最多：楼兰股份

楼兰股份累计共增发 7 次，成为 2015 年增发次数最多的公司，排在其后的分别为定增 5 次的艾录股份、楼市通网、白兔湖和善为影业。

楼兰股份隶属于信息技术行业，专注于车联网。通过 7 次增发，楼兰股份于 2016 年先后设立了郑州、北京、湖南和深圳等子公司，并收购了沈阳通盛科技有限公司等公司，逐步拓宽公司业务链条，提升公司整体实力（见表 4 - 2）。

表 4 - 2　2015 年楼兰股份增发情况

序号	增发公告日	增发股价	增发数量（万股）	预计募资资金（万元）	实际募集资金（万元）	定向增发目的
1	2015 - 10 - 10	2.88	2151.50	6196.32	6196.32	补充流动资金
2	2015 - 06 - 06	13.40	932.76	12 499.95	12 499.95	补充流动资金
3	2015 - 05 - 13	6.60	38.00	250.80	250.80	补充流动资金
4	2015 - 05 - 13	6.60	20.00	132.00	132.00	补充流动资金
5	2015 - 05 - 13	6.60	10.00	66.00	66.00	补充流动资金
6	2015 - 04 - 08	6.60	147.50	973.50	973.50	补充流动资金
7	2015 - 04 - 08	6.60	15.50	102.30	102.30	补充流动资金

① 引自广证恒生证券研究所，袁季、黄莞研报。

从每笔定增情况来看，楼兰股份大部分定增都是小额定增、按需发行、快捷便利，这正是新三板制度优势所在。但目前，全国中小企业股份转让系统针对连续发行行为进行了规范，且每次发行时间周期在 3 个月左右，像楼兰股份这样一年内如此高频的增发情况，可能很难再出现。

累计定增总额最大：中科招商

2015 年 1887 家定增的企业中，中科招商累计定增金额最高，为 108.84 亿元，其次为九鼎集团和天图投资，分别为 100 亿元和 38.81 亿元。排名前五的公司中全为金融行业，除了南京证券，其余四家均为 PE。

PE 机构是新三板 2015 年最引人争议的企业类型，截至 2015 年年底，新三板挂牌企业达 5129 家，PE 机构仅 24 家，占比 0.47%，但融资规模却达 358.45 亿，市场占比 26.08%，新三板出现了"PE 板"一业独大的局面。

如此耀眼的行业融资不但受到市场持续关注，还引起了证监会的高度关注。2015 年 12 月 25 日，证监会市场部主任霍达明确表示，设立新三板市场的目的是为了服务实体经济，2015 年以来，私募基金管理机构在新三板挂牌数量较多，引起市场和监管部门的关注。暂停私募基金管理机构挂牌正是考虑到服务实体经济的新三板定位。

定增实施后涨幅最大：数据堂

2014 年 12 月数据堂在新三板挂牌，成为新三板第一家大数据企业。值得注意的是，数据堂将"大数据"变现并实现了盈利。公司客户包括百度、腾讯、阿里巴巴、奇虎 360、联想、科大讯飞等国内顶级互联网和高科技企业，还包括 Microsoft、NEC、Canon、Intel、Samsung、Nuance、Fujitsu 等著名跨国企业。2015 年 3 月 26 日，公司进行了定向增发，以每股 1.2 元的价格向个人投资者定向发行，截至 2016 年 1 月 7 日，公司股价 27.24 元，涨幅超过 22 倍，成为 2015 年新三板涨幅最大的定增案例。

新三板首次询价发行：行悦信息

行悦信息主营业务为酒店客房数字多媒体系统平台产品的研发、销售和提供经济型连锁酒店客房数字多媒体系统和数字多媒体信息解决方案，以丰富酒店客房娱乐终端功能。该公司的合作伙伴，不乏如家、莫泰、7 天等知名经济型连锁酒店集团，已构建起国内最大的经济型连锁酒店电视互动平台，为商旅人士提供酒店周边餐饮、娱乐、旅游、购物相关的信息服务。

2014 年 11 月 20 日，行悦信息发布发行方案：拟发行不超过 1500 万股普通股，发行价格不低于每股 3.2 元，不高于每股 4.8 元。本次发行将采取公开询价的方式，认购者可根据认购意向书的内容向公司申报认购的价格和数量，由公司董事会根据价格优先的原则，综合考虑认购数量、认购对象的类型以及与公司未来发展的契合度，确定发行对象、发行价格和发行股数。

仅一周时间，2014 年 11 月 27 日，行悦信息发布了定增询价结果及定价公告，公司最终确定以每股 3.9 元的价格定增 1500 万股，共募集资金 5850 万元用于拓展主营业务。

这是新三板公司首次以询价方式确定定增价格，而且认购意向超过了拟定增总额数倍。

2016 年是新三板的并购年

一、2015 年 A 股和新三板的并购新趋势

1. 跨界转型并购为主，TMT 行业并购火爆

2015 年 3 月 5 日，李克强总理在政府工作报告中提出："制定'互联

网+'行动计划，推动移动互联网、云计算、大数据、物联网等与现代制造业结合，促进电子商务、工业互联网和互联网金融健康发展，引导互联网企业拓展国际市场。"总理将"互联网+"的战略提到了一个前所未有的高度，传统行业的公司纷纷以外延式并购推动"互联网+"的转型之路，从而催生以互联网、IT为主的TMT行业并购的持续火爆。

根据清科集团的数据显示，2015年上半年中国并购市场完成的961起并购交易分布于互联网、IT、清洁技术、机械制造、生物技术/医疗健康、金融、房地产等23个一级行业。从并购案例数方面分析，互联网行业居首位，为115起交易，占比12.0%；排名第二位的是同属TMT行业的IT行业，本期完成案例99起，占比10.3%；排名第三位的是新兴产业清洁技术，2015年上半年共完成并购79起，占比8.2%。与之相反的是，传统行业并购在2015年上半年表现不佳，机械制造与能源及矿产两个传统行业分别以75起和43起并购交易占比7.8%和4.5%，排名分别降至第四位和第十位。

2. 并购基金在并购中发挥巨大的作用

并购基金是由上市公司参与发起设立，主要采用向特定机构或个人非公开募集的方式筹集资金，投资于与上市公司业务或未来发展相关的行业。第一，对于上市公司和基金而言，可谓优势互补，上市公司在产业端积累深厚，基金在资本端有丰富的项目识别与管理能力。第二，由于上市公司出资额比例较低，放大了公司的并购能力。

2015年成立并购基金的上市公司数量和并购基金的规模呈现井喷式发展，根据我们的数据库统计，2011年至2016年6月共有200多家上市公司设立并购基金，总体规模为2634.88亿元，平均每家金额为11.66亿元。例如，2014年6月17日，当代东方公告与华安资管共同发起设立"华安当代文化产业基金"，总规模达50亿元，首期将募集5亿元~10亿元，存续期限为1.5+1.5年，该产业基金将参与包括文化传媒行业优质资产的并购、重组、新设等一系列涉及一二级市场的投资。

按照主导方不同,并购基金主要分为两种模式,一种是上市公司主导的模式,为市场上绝大多数并购基金的模式,第二种是专业基金公司主导的模式,比如,2013年11月,华泰证券全资子公司华泰紫金投资设立了华泰瑞联基金管理有限公司,其中华泰紫金持有华泰瑞联51%股权。2014年3月17日,华泰瑞联发起设立了北京华泰瑞联并购基金中心,并完成了一期10亿元人民币规模的募集。其中蓝色光标、爱尔眼科、掌趣科技等上市公司均认购1亿元。

3. 新三板公司被A股上市公司收购

A股上市公司收购新三板挂牌公司股权的案例呈逐年递增之势,根据东方财富Choice数据统计,2014年A股上市公司收购新三板公司共有49起;2015年达到79起;2016年1月至8月初,一共有44起。

需要引起注意的是,目前有34起案例是A股上市公司全资收购新三板公司。其中,2013年以前有5起,2014年有9起,2015年有11起,进入2016年以来有9起。从数量上看,A股公司全资收购新三板挂牌公司股权的趋势逐年增强。其中,上市公司南洋股份57亿元全资收购三板挂牌公司天融信,成为新三板距今为止最大并购案。

案例:南洋股份57亿元全资收购天融信,为新三板最大并购案

(1)本次交易双方简介

2016年8月,上市公司南洋股份57亿元全资收购三板挂牌公司天融信。

南洋股份主要从事电力电缆、电气装备用电线电缆的研发、生产和销售;主要客户包括电力能源、轨道交通等行业客户。公司2015年营收22.8亿元,净利润为5600万元,毛利率14.95%,净利率2.48%。

天融信主营信息安全,产品及服务分类为安全产品(防火墙、VPN、数据安全等)、安全服务、安全集成。根据IDC研究报告,2014年,天融信在防火墙硬件市场领域市场份额为18.9%，排名第一，入侵防御硬件市场份额为10.6%，排名第三，VPN硬件市场份额为10.5%，排名第三。公司2015年营收8.55亿元，净利润为2.30亿元，毛利率76%，净利率27%。

（2）交易结构

1）本次收购价款总额为57亿元。

2）支付方式：发股支付36.21亿元（64%）+支付现金21.2亿元（36%），其中，发股：发行股份价格为8.66元/股，共计发行418 085 467股，交易对方为明泰资本等6家机构及章征宇等21位自然人；现金：支付现金21.2亿元，交易对方为明泰资本等6家机构及章征宇等21位自然人。同时募集配套资金212 000万元，按照发行价格9.70元/股计算，共计发行股份218 556 698股，鸿晟汇等9个对象认购上市公司募集配套资金所发行的股份。

3）标的资产定价：天融信股份100%股权的评估值为590 191.80万元，考虑到天融信股份在基准日后的现金分红，经本次交易各方协商，确定天融信股份100%股权交易价格为570 000万元。

（3）业绩对赌

天融信股份全体股东承诺天融信股份合并报表中2016年度扣非净利润不低于28 800万元，2016年度和2017年度扣非净利润累积不低于67 500万元，2016年度、2017年度和2018年度扣非净利润累积不低于117 900万元；同时承诺天融信股份合并报表中2016年度净利润（注：不扣除非经常性损益，下同）不低于30 500万元，2016年度和2017年度净利润累积不低于71 500万元，2016年度、2017年度和2018年度净利润累积不低于125 500万元。

（4）股权结构关注点

1）被并购的新三板公司股权分散，如何处理，被收购大股东与小股东是否为一个价退出？

一般情况下，上市公司全资收购新三板公司，被收购公司大股东与其他小股东价格相同。天融信被收购前股权分散，共计27名股东，其中明泰资本持有44%股份，自然人章征宇持股13%，其余25名股东持股比例均在个位数以内。公司实控人为蒋凤娟，通过持有公司控股股东明泰资本70%的股权，实现对天融信的实际控制。27名股东收购价格一致、数量比例一致。收购方发股支付36.21亿元（64%）+支付现金21.2亿元（36%），其中发行股份价格为8.66元/股，共计发行418 085 467股。对应到每个股东，其拿到对应股票与现金的比例均为64%：36%，股票价格均为8.66元/股。

2）收购股份每年如何解锁，解锁比例是多少？

天融信2016年8月18日发布解限售公告，25名股东解除限售，其中包含实控人、董监高等15名股东解除25%的股份（即每年解锁25%），其余10名股东解除其持有的100%股份。完成后无限售条件的股份占47.2%。

3）被并购公司是否需要直接退市？

上市公司全资收购新三板公司，挂牌公司将由股份有限公司变更为有限责任公司，新三板公司必须摘牌退市。本案例中，在本次收购获得中国证监会核准批复之日起10个工作日内，天融信股份将向全国中小企业股份转让系统有限责任公司提交终止挂牌的申请。

4. A股和新三板公司收购全球低估资产（中国动力嫁接全球资源）

尽管2015年6月份股灾以来A股的估值水平已经大幅下降，但仍然显著溢价于欧、美、日等全球其他主要经济体。根据国泰君安2015年10月份的统计数据显示，A股主板市值加权PE为34.7倍（剔除金融后49.8倍），约为其他三个主板市场的1.5倍，A股主板PE中值为42.3倍（剔除金融后43.9倍），约为其他三个主板市场的2.5倍。

海内外资本市场巨大的估值差异，导致不同市场之间存在明显的无风险套利机会。A股上市公司和新三板挂牌公司借助估值溢价的优势，大举收购全球的低估值资产，凭借着中国动力嫁接全国资源。例如，2015年1月21

日,万达集团宣布出资 4500 万欧元购买马德里竞技足球俱乐部 20% 的股份,并进入俱乐部董事会,这是中国企业首次投资欧洲顶级足球俱乐部;2 月 10 日宣布 10.5 亿欧元并购瑞士盈方体育传媒集团 100% 的股权,通过收购的方式成为全球体育行业龙头。2015 年 4 月 4 日,南京新百宣布以 2 亿英镑收购了英国老牌百货公司 House of Fraser 89% 的股权,这是中国企业最大的一笔零售业境外投资;11 月 5 日公告,与美股上市公司中国脐带血库企业集团(简称"CO 集团",纽交所上市公司,主营业务为脐带血造血干细胞储存)的控股方金卫医疗签署《收购框架意向协议》,拟作价 72.55 亿元收购 CO 集团 65.1% 股权。

5. "暴风科技"和"巨人网络"效应引起中概股和港股回归浪潮

由于 A 股当前所处阶段、投资者结构与国外成熟市场存在着巨大的差异,以计算机、文化传媒为代表的行业估值数倍高于中概股和港股。对比中概股和 A 股行业龙头市场表现,不同领域龙头的市值差距非常明显。CDN/云计算领域的中概股蓝汛市值才 13 亿元,A 股的网宿科技市值 459 亿元,网宿科技市值是蓝汛市值的 35 倍;互联网金融领域的东方财富市值 1073 亿元,金融界市值才 6 亿元,东方财富市值是金融界市值的 179 倍。

海外并购的众多案例中,有两个案例值得重点关注。一个是新三板公司"体育之窗"收购港股上市公司"联众国际",另一个是新三板公司"百合网"收购美股上市公司"世纪佳缘",前者是新三板公司收购港股上市公司的第一单,后者开启了新三板公司收购美股上市公司的先河。这两个案例充分说明,新三板公司借助中国的动力,通过资本运作,完全可以实现对主板上市公司的弯道超车。

案例:新三板公司"体育之窗"收购港股上市公司"联众国际"

2015 年 11 月 26 日,在新三板挂牌仅十余天后,体育之窗就发布公告称,拟通过控股子公司以 13.8 亿港币的对价收购港股上市公司联众国际 28.76%

的股权（溢价11.65%，联众当前市值42.98亿元），同时，公司还与空中网签署协议，同意有条件收购联众额外4.99%的股份，交易完成后，体育之窗将成为联众的第一大股东。联众成立于1998年，2014年6月30日于香港联交所主板公开上市，上市后市值一直维持在30亿元~40亿元之间，市盈率也仅仅在20多倍，专注于为玩家提供在线棋牌休闲游戏，目前拥有5亿用户，是中国最著名的棋牌休闲游戏互联网服务商。体育之窗收购联众国际之后，将发挥各自的优势、实现强强联合，借力打造成为中国体育产业综合运营第一股。

案例：新三板公司"百合网"收购美股上市公司"世纪佳缘"

2015年12月8日，百合网登陆新三板仅半个月，就宣布收购美国纳斯达克上市公司世纪佳缘。具体方案为，百合网在天津市自由贸易试验区设立全资子公司百合时代资产，并由百合时代资产在开曼设立境外特殊目的公司LoveWorld，再由LoveWorld在开曼设立子公司FutureWorld。LoveWorld将按照7.56美元每ADS的价格或5.04美元每普通股的价格，斥资总计2.4亿美元~2.5亿美元现金，购买世纪佳缘发行在外的全部ADS和普通股，此后，FutureWorld和世纪佳缘依据当地的法律法规吸收合并。交易完成后，世纪佳缘现有全部股东获得现金退出，公司也将从美国纳斯达克退市。

二、当前公司的投资并购策略

1. 股灾后一级市场估值较低，反周期投资并购

股灾后A股估值和市值大幅缩水，许多上市公司的投资并购步伐明显放缓，估值缩水效应逐步传导到一级市场，导致一级市场估值较低，一二级市场的估值差异并没有显著下降。同时国家宏观经济增速下滑，一级市场许多优质公司资金较为紧张，融资需求较为迫切。

在当前A股的周期下，现金并购是一个很好的策略，建议现金充足的公

司反周期进行投资并购，在估值整体较低的水平中加大投资并购的力度。那些没有在市值高位进行融资、目前现金储备不足的上市公司，可以借助并购基金的力量放大投资并购的能力。

2. 先定公司的战略规划，后定投资并购方向

长期的战略规划是公司一切行动的指导思想和行动指南，投资并购的方向也不能偏离公司整体的战略规划。只有确定了战略规划，公司的投资并购方向才能明确，实操起来才效率更高。

公司应该根据行业发展趋势、自身资源、能力状况确定未来战略规划，明确战略中哪些靠内生式培育、哪些靠外延式并购。内生式培育很难实现，或短期内无法满足战略需求，才考虑外延式并购，不能为了并购而并购，公司的每一次投资并购都要围绕战略规划展开。

3. 系统扫描低估值的中概股和港股，大举进行产业整合

当前中概股和港股的估值水平明显低于A股和新三板，普遍只有A股的1/3或1/4，有些细分领域甚至只有A股的1/10。A股和新三板公司借助巨大的估值优势，对中概股和港股的上市公司进行系统扫描，通过收购等形式完成产业整合，是历史上空前绝后的机遇。

以江苏三友不花一分钱完成体检行业的整合为例。体检行业老大江苏三友在A股的市值为400亿元，行业老二爱康国宾在美股的市值为14亿美元（折合人民币90亿元），仅为老大的1/5。2015年8月，爱康集团董事长兼CEO张黎提出私有化邀约；11月30日，江苏三友宣布参与爱康国宾的私有化，出价比爱康国宾私有化价格溢价23.6%；12月2日，爱康国宾启动"毒丸计划"，阻止江苏三友恶意收购。一旦"毒丸计划"正式生效，爱康国宾的私有化计划成本将非常高，基本上无缘A股。江苏三友发个竞价收购公告，就死死地把竞争对手摁在了美国。未来在A股高估值市场随便增发一次融点钱，都可能超过爱康国宾的总市值，不花一分钱就完成了行业的整合。

4. 成立并购基金，借助外部资源放大投资并购能力

专业基金管理公司作为并购基金的合作方，拥有募资资金的优势、丰富的项目管理经验、专业的投资知识和风险控制能力，同时拥有对并购基金所投资行业深入的了解和充足的项目储备。

A 股和新三板公司设立并购基金，借助外部专业机构的力量，将放大投资并购能力，尤其是那些市值高位没有成功融资、当前没有大量现金储备的公司。

三、投资并购工作的落地流程

并购是一个复杂的系统工程，其步骤大致如下：

1. 并购前准备。包括并购顶层设计、并购标的寻找。

并购顶层设计紧跟并购的目标，例如并业绩还是并业务，目标不同，顶层设计亦不同。并购标的一般的寻找渠道有以下几类：PE 机构，如中科招商、九鼎投资、硅谷天堂、天星资本；券商机构，如华泰联合证券的投行项目库；中介机构，如财务顾问、律所、会计师事务所等；咨询机构，如和君集团项目库；券商卖方研究员。

2. 尽职调查。通过尽调，核心完成对并购标的的价值发现、风险识别和谈判筹划：

第一，价值发现。通过识别公司商业模式，验证投资者的投资逻辑，将公司的价值最大程度地发现出来，为投资方提供估值依据。

第二，风险识别。通过判断公司的经营风险，为投资方的投资决策提供建议，简单来说就是影响投资方投还是不投。

第三，谈判筹划。通过对公司的尽职调查，投资方了解了公司的风险与瑕疵，同时再结合自己的投资风格、基金体量、退出策略等，可以在谈判时给出更加有利的交易条件。

3. 谈判签约，完成交易。针对并购标的价格、估值、支付方式、支付期

限、退出回购条款、对赌业绩等进行谈判，最终达成一致意见，签订相关合同，并完成并购资产的交接工作。

4. 并后整合。当前国内资本市场一方面资产稀缺，优质资产千金难求，估值奇高，另一方面资金泛滥，增值压力巨大。在这一背景下，上市公司并购后整合能力或者说是投后管理能力变得尤为重要。

具体在新三板中，其并购工作与 A 股存在显著不同。从 2015 年到 2016 年上半年，新三板一年半的累计融资突破 2000 亿元，超过同期创业板的融资总额。海量资金进入这个市场，必然带来相关并购交易的繁荣。结合过去在 A 股市场的经验，我们发现，新三板的并购相比 A 股工作难度显著增加，几个核心区别如下：

第一，新三板公司的被并购方规模通常较小。被并购方通常只有百万级的利润规模，业绩抗风险能力明显弱于 A 股被并购标的。

第二，投行并购机构不覆盖。这点与 A 股显著不同，由于新三板公司规模较小，导致传统并购的标的渠道经常找不到新三板并购的理想标的。

第三，风险差异。A 股并购最终可能以流动性对冲风险，但新三板的并购，无论效果好坏都得自己买单。

第 5 章

信息披露：合法合规与市场互动

信息披露是新三板董秘最重要的工作之一，能够保证公司的价值被传递出去，被外界所认知，保障公司在市场上有一定议价权，同时保证公司合法合规而不被证监会、证监局、交易所问询。

信息披露要点

信息披露主要可以分为定期报告和临时公告两大类。以时间节点划分又可以分为挂牌前和挂牌后：挂牌前信息披露主要包括公开转让说明书、法律意见书、审计报告、券商推荐报告、股转中心同意函等，其中公开转让说明书和券商推荐报告由券商所写，法律意见书由律师事务所完成，审计报告则由会计师事务所出具，有的甚至还需要资产评估机构，因此至少需要三家中介机构来完成整个挂牌前信息披露。需要注意的是挂牌前后信息需要保持一致。

挂牌后持续信息披露主要分为两类：一是定期报告，主要有年度报告、半年度报告、季度报告（如有）等；二是临时公告，除上述定期报告外的所有公告称之为临时公告。

定期报告注意事项

按照相关法规规定，新三板公司每年的年度报告在下年 4 月 30 日前披露，半年度报告在本年 8 月 31 日前披露定期报告，披露时间需要通过主办券商提前预约，接受一次变更申请。如果挂牌公司预计不能在 4 月 30 日前披露年报，应当及时告知主办券商，在 4 月 15 日前就延期披露原因、延期期限、对公司股票转让方式的影响或公司股票存在被终止挂牌的风险等事项进行公告。

有人会认为年报和半年报加起来才两篇，工作量相对较少，毕竟临时公告那么多。但在真正实操过程中会发现，年报的工作量和压力之大，根本不是平常那些临时公告能同日而语的，除非临时公告中涉及重大资产重组类似的事件。一般情况下，年度报告是一家公司董办最基础并且最艰难的一关。

年报的艰难和复杂程度，使得不少准备不足的公司出现延迟披露现象。

比如，延期披露年度报告的英雄互娱。

证券代码：430127　　　　证券简称：英雄互娱　　　　主办券商：长江证券

北京英雄互娱科技股份有限公司
关于延迟披露2015年年度报告的提示性公告

> 本公司及董事会全体成员保证公告内容的真实、准确和完整，没有虚假记载、误导性陈述或者重大遗漏，并对其内容的真实性、准确性和完整性承担个别及连带法律责任。

北京英雄互娱科技股份有限公司（以下简称"公司"）原定于 2016 年 4 月 1 日在全国中小企业股份转让系统指定信息披露平台上披露《北京英雄互娱科技股份有限公司 2015 年年度报告》，现因公司财务审计进度延迟，为了确保公司信息披露的准确、完整，经公司慎重研究，现将 2015 年年度报告延期至 2016 年 4 月 20 日披露。

英雄娱乐这样案例并非少数，截至 2016 年 4 月 8 日，新三板公司延期披露 2015 年年报的挂牌公司共计 224 家。其中一家公司——华夏科创，于 2015 年 10 月 29 日挂牌新三板，在 2016 年 4 月 14 日公告，"为更好落实公司新阶段发展战略，公司拟申请在全国中小企业股份转让系统终止挂牌。

考虑到公司即将向全国中小企业股份转让系统申请终止挂牌，公司不再对外披露 2015 年年度报告。"一方面可能源于公司战略需求，不再挂牌，另一方面，可以说年报的复杂程度也让公司望而止步，即使留下不能善始善终的资本市场印象。

除了需要注意披露时间之外，我们还需要注意几个方面的事情：

一是审计及相关公告。新三板公司年报必须经过审计并且发出相关的审计公告，请的会计师事务所必须得有证券期货相关业务资格，并且审计报告必须由至少两位注册会计师签字，更换会计师事务所或会计师事务所信息变更都需要发布公告。

二是报告必须经过董事会、监事会审议通过后才能披露，在此基础上还必须在年度股东大会上审议通过。

由于 2015 年年报审核较为严格，很多股东大会审议通过的报告被股转系统通报有问题，比如前五大客户里面竟然有的在全国中小企业信息查询系统找不到，某 APP 公司收入 9000 万元居然被发现 APP 都没上线，钱都存在余额宝里面，还有大股东及关联方占据重大资金的。这些都属于 2016 年年报重点监管对象。

三是相关公告，包括但不限于年度报告摘要、年度报告、董事会决议公告、监事会决议公告、年度股东大会通知公告、会计师事务所出具的《年度控股股东、实际控制人及其关联方资金占用情况专项意见》（无资金占用情况也得出具报告）以及其他相关公告。

"三会"召开及议案准备工作

一、董事会

严格意义上说，董事会最早应在年报披露前 2 天召开，例如预约的 15 日披露年报，则最早召开董事会的时间就是 12 日，因为开完董事会两天内必须发布公告。董事会议案包括但不限于以下十一项，缺一不可。

1. 《公司 2015 年年度报告及摘要》；

2. 《2015 年资金占用专项报告》；

3. 《2015 年度董事会工作报告》；

4. 《2015 年度总经理工作报告》；

5. 《2015 年度财务决算报告》；

6. 《2016 年财务预算方案》；

7. 《关于 2015 年度利润分配的方案》（不分配也需要披露）；

8. 《2016 年度公司与关联方日常交易预计》；

9. 《关于聘请（续聘）2016 年度审计机构的议案》；

10. 《提议召开公司 2015 年年度股东大会》；

11. 其他需要提交股东大会审议的事项，如：选举和更换非由职工代表担任的董事、监事，决定有关董事、监事的报酬事项；审议批准公司的弥补亏损方案；对发行公司债券或发行可转换公司债券做出决议；修改公司章程等。

二、监事会

在年报披露 T－2 日召开，包括以下七项议案：

1. 《公司 2015 年年度报告及摘要》；

2. 《2015 年资金占用专项报告》；

3. 《2015 年度监事会工作报告》；

4. 《2015 年度财务决算报告》；

5. 《2016 年度财务预算方案》；

6. 《关于 2015 年度利润分配的方案》（不分配也需要披露）；

7. 《关于聘请（续聘）2016 年度审计机构的议案》。

三、股东大会

在年报披露后的 21 个转让日后召开，需要审核《2015 年资金占用专项报告》等至少七项议案，须注意因股东回避导致股东人数不足的问题。需要提醒的是，挂牌公司召开年度股东大会必须经过至少两名律师见证，在股东大会决议公告中披露"律师见证情况"段，并同时披露由律师事务所出具的《关于年度股东大会的法律意见书》。

1. 《公司 2015 年年度报告及摘要》；
2. 《2015 年资金占用专项报告》；
3. 《2015 年度董事会工作报告》；
4. 《2015 年度监事会工作报告》；
5. 《2015 年度财务决算报告》；
6. 《2016 年度财务预算方案》；
7. 《关于 2015 年度利润分配的方案》；
8. 《2016 年度公司与关联方日常交易预计》；
9. 《关于聘请（续聘）2016 年度审计机构的议案》；
10. 其他需要提交股东大会审议的事项，如：选举和更换非由职工代表担任的董事、监事，决定有关董事、监事的报酬事项；审议批准公司的弥补亏损方案；对发行公司债券或发行可转换公司债券做出决议；修改公司章程等。

对"三会"的相关公告，我们必须要注意几大事项：关联董事、监事、股东应当回避表决。当董事会、监事会回避表决致使议案无法正常审议的，可根据章程提交股东大会审议。若股东大会全体股东均为关联方，可出具相关说明，所有股东无须回避表决。如果出现临时提案，必须由单独或合计持有公司 3% 以上股份的股东在股东大会召开 10 日前提出，并应当以书面形式提交董事会。需要注意的是，提案内容要在股东大会职权范围内，有明确的议题和具体决议事项。另外，还要注意相关议案的一致性，股东大会审议议案的名称、具体内容应当与董事会决议保持完全一致，不应出现遗漏、错误等问题。

在写好年报，历经"三会"过程中，挂牌公司向主办券商送达相关材料。相关材料包括定期报告全文、摘要（如有）、审计报告（如适用）、董事会、监事会会议及其公告文稿，公司董、高的书面确认意见以及监事会的书面审核意见、制作定期报告和财务数据的电子文件（经校验的 xbrl 文件）、券商及股转系统要求的其他文件等。

需要注意的特别事项：

当年度报告出现下列情形的，主办券商应当最迟在披露前一个转让日向全国股份转让系统公司报告：（1）财务报告被出具否定意见或者无法表示意见的审计报告；（2）经审计的期末净资产为负值。挂牌公司及会计师事务所和注册会计师需要出具相应的报告予以说明。一定要及时与会计师事务所沟通，如无法出具可及时更换会计师事务所。

当挂牌公司财务报告被注册会计师出具非标准审计意见的，在向主办券商送达定期报告的同时应当提交下列文件：董事会针对该审计意见涉及事项所做的专项说明，审议此专项说明的董事会决议以及决议所依据的材料；监事会对董事会有关说明的意见和相关决议；负责审计的会计师事务所及注册会计师出具的专项说明；主办券商及全国股份转让系统公司要求的其他文件。

负责审计的会计师事务所和注册会计师按上述出具的专项说明应当至少包括以下内容：出具非标准审计意见的依据和理由；非标准审计意见涉及事项对报告期公司财务状况和经营成果的影响；非标准审计意见涉及事项是否违反企业会计准则及其相关信息披露规范性规定。

股转中心和券商对挂牌公司的年报的审查要点很多，包括股转公司固定格式要求《挂牌公司年度报告内容与格式模板》、章节之间的索引、字体统一，语句通顺，无错别字，数字采用分隔符，具体内容审核需要参考《挂牌公司 2015 年年度报告审查要点表》。

券商审查方面也需要特别提醒，一定要跟券商要《挂牌公司 2015 年年度报告审查要点表》，有时候会发现很多审查要点意见与企业实际情况不符，并设置了很多反向选项，需要特别留心。

年报的其他重点事项：

1. 会计师事务所需要对挂牌公司计提减值、会计政策变更的有效起始时间、会计估计变更的合理性以及会计差错更正，对关联方认定、关联交易的真实有效性等方面加以说明。

2. 年度财务报告被出具否定性意见或无法表示意见的，抑或经审计的期末净资产为负的，需第一时间通知主办券商。

3. 挂牌公司因严格按时预约时间披露年度，如因进度拟变更时间的须于披露日前 5 个转让日前扫描发送给股转系统，逾期无法办理。

4. 股转系统要求主办券商对年报及摘要在披露前进行实质性审查，公司需在披露日前 10 天将文件送至券商督导人员。

临时公告

新三板的临时公告种类繁多，主要明细可见下表：

表 5-1　临时公告明细

临时公告分类	相关明细
三会公告	股东大会通知
	股东大会决议
	董事会决议公告
	监事会决议公告
定增相关公告	股票发行方案
	股票发行认购公告
	股票发行法律意见书
	股票发行情况报告书
	关于股票发行新增股票将在全国股份转让系统挂牌并公开转让的公告
	主办券商关于股票发行合法合规性意见
	关于完成工商变更登记的公告

续表

临时公告分类	相关明细
董监高变动公告	董监高辞职
	董监高任免
股份交易相关公告	股份交易异常波动
	权益变动报告书
对外投资相关公告	对外投资（设立全资子公司）
	对外投资（设立控股子公司或参股公司）
	对外投资（对子公司增资）
暂停/恢复转让业务相关公告	股票暂停转让公告
	关于重大资产重组进展公告
	股票恢复转让公告
	股票延期恢复转让的公告
资本公积转增股本相关公告	资本公积转增股本预案的公告
	权益分派实施公告
解除持续督导	挂牌公司变更持续督导主办券商公告
	主办券商解除持续督导协议公告
	主办券商签署持续督导协议公告
其他公告	股票解除限售、关联交易
	会计政策、会计估计变更
	涉及诉讼、仲裁公告
	澄清公告、对外担保公告
	收购出售资产、公司主营业务
	股权质押、司法冻结
	会计师事务所变更、更名
	股权激励计划
	关于完成工商变更登记的公告
	关于后续加入做市商的公告
	其他公告

在临时公告的信息披露，需要我们重点关注的事项包括：

一是公司治理的相关事项。主要包括召开"三会"，董监高人员及持股情况变动，公司股份被质押、冻结、司法拍卖等。

1. 召开董事会、监事会、股东大会公告时间要求

 • 会议结束两个转让日内披露

2. 召开股东大会时间要求

 • 年度股东大会召开二十日前或者临时股东大会召开十五日前，以临时公告方式向股东发出股东大会通知

3. 董事、监事、高级管理人员发生变动

 • 高管离职或者变更公告

 • 办理股份限售

 • 新任人员报备与承诺签署

4. 董事、监事、高级管理人员持股情况发生变动

 • 高管新增股份75%进行限售

5. 公司股份被质押、冻结、司法拍卖、托管、设定信托或被依法限制表决权

 • 股权质押、司法冻结公告

小链接

新三板"最强"员工

2016年3月2日，久银控股发布了涉及仲裁公告，公司欲解除与其员工方某的劳务合同，并支付1.73万元作为经济赔偿金。方某拒绝接受之后，向仲裁机构申请仲裁，要求久银控股继续履行原劳务合同，并且赔偿自己8179.3万元。

方某在2014年4月被聘为公司并购基金业务部的员工，根据公告方某月薪为5.25万元（按18个月工资），加班工资21.18万元，但一年半的绩效奖金高达7323.5万元，直逼公司2015年净利润8103.67万元。加上2014年度绩效及各种损失费，合计8179.3万元。

二是公司股权相关事项。主要包括公司股东持股情况发生重大变动公告、权益变动公告等。

1. 公司股东持股情况发生变动，按照换手率＝总成交量/流通市值进行计算。

● 协议转让方式下，股票当日换手率超过 10%，或连续三个转让日换手率累计超过 20%；

● 做市转让方式下，股票连续三个转让日涨跌幅累计超过 50%；

● 全国股份转让系统公司认定的其他情形；

● 挂牌公司应当于次一转让日披露异常波动公告。如果次一转让日无法披露，挂牌公司应当向全国股转系统公司申请股票暂停转让直至披露后恢复转让。

2. 权益变动公告

● 挂牌公司中拥有的权益份额达到该公司总股本 5% 及以上的股东权益变动达到 10% 后应当披露权益变动公告，之后每增加或者减少 5% 应当披露（即其拥有权益的股份每达到 5% 的整数倍时）；

● 投资者及其一致行动人应当在该事实发生之日起 2 日内编制并披露权益变动报告书；

● 自该事实发生日起至披露后 2 日内，不得再买卖该公众公司的股票。

三是公司经营相关事项。主要包括主营业务发生变更、主要银行账号被冻结、发生或预计发生重大亏损、获资质、专利等对公司经营产生重大影响的事项。

1. 主营业务发生变更

● 董事会决议后 2 个转让日内发布主营业务变更公告。

2. 主要银行账号被冻结，正常经营活动受影响

● 事实发生 2 个转让日内披露。

3. 发生或预计发生重大亏损、重大损失

- 及时向主办券商报告；
- 年度报告净资产为负值的应在年报披露前向股转公司报告。

4. 获得相关资质、专利、签署重大经营合同等对公司经营产生重大影响事项

- 公司自愿决定披露。

2016年3月16日消息，新三板企业道有道被央视3·15晚会曝光存在手机软件恶意扣费行为，公司即时宣布紧急停牌。停牌期间公司将积极对报道中的情况进行调查，并根据调查情况及时履行信息披露义务。

> **道有道（北京）科技股份有限公司**
> **重大事项紧急停牌公告**
>
> 　　道有道（北京）科技股份有限公司（以下简称"公司"）因2016年央视3·15晚会对公司进行了报道，可能对股票转让价格产生较大影响，为维护投资者权益，避免公司股价异常波动，根据《全国中小企业股份转让系统业务规则（试行）》、《全国中小企业股份转让系统挂牌公司暂停与恢复业务指南（试行）》等有关规定，经本公司向全国中小企业股份转让系统有限公司申请，本公司股票自2016年3月16日起停牌。停牌期间公司将积极对报道中的情况进行调查，并根据调查情况及时履行信息披露义务，每十个转让日披露一次未能复牌的原因和相关事项的进展情况。

四是其他重大事项。主要包括控股股东、实际控制人或者其关联方占用资金、超出预计金额的日常性关联交易、费日常性关联交易、对外担保、购买出售资产、公司章程修订、董监高接受司法机关调查、设计重大诉讼等，具体相关信息披露注意事项如下：

1. 控股股东、实际控制人或者其关联方占用资金

- 严格杜绝；
- 一旦发生，尽快归还，并至少每月披露解决进展情况。

2. 超出预计金额的日常性关联交易

- 年度会议审议通过日常性关联交易预案，预计范围内的无须审议；
- 超出预计的日常性关联交易，按照公司规定程序审议；
- 关于关联担保的预计。

3. 非日常性关联交易

- 一律经股东大会审议，并披露关联交易公告；
- 公司与合并报表控股子公司之间发生的或控股子公司之间可豁免。

4. 对外担保

- 按公司规定执行，并披露对外担保公告；
- 发生违规对外担保的，至少每月发布一次解决进展情况。

5. 购买、出售资产

- 按公司规定程序审议，并披露收购、出售资产公告；
- 构成重大资产重组的，按照《非上市公众公司重大资产重组管理办法》执行。

6. 公司章程修订或公司治理有关制度修订

- 章程修订议案应披露详细修订情况；
- 修订后的章程或其他管理制度单独披露。

7. 履行公司及董事、监事、高级管理人员承诺

- 公司应对所披露承诺定期自查；
- 承诺未履行应对及时披露原因和解决措施。

8. 公司及控股股东、实际控制人、董事、监事、高级管理人员存在受有权机关调查、司法纪检部门采取强制措施、被移送司法机关或追究刑事责任、

中国证监会稽查、中国证监会行政处罚、证券市场禁入、认定为不适当人选，或收到对公司生产经营有重大影响的其他行政管理部门处罚

• 第一时间报告主办券商并于事实发生 2 转让日内披露。

9. 重大或有事项，包括但不限于重大诉讼、重大仲裁

• 涉案金额占最近一期审计净资产绝对值 10% 以上，或虽未达到但影响较大应当披露；

• 阶段性披露。

10. 变更会计师事务所、会计政策、会计估计

• 事实发生 2 个转让日内披露。

11. 出现可能或已经对公司股价产生较大影响的传闻

• 及时向主办券商提供相关资料，并决定是否发布澄清公告。

12. 控股子公司发生可能对公司股价产生较大影响事项

• 视同挂牌公司重大事项予以披露。

13. 因前期已披露的信息存在差错、未按规定披露或者虚假记载，被有关机构责令改正或者经董事会决定进行改正

• 事实发生 2 个转让日内披露。

14. 公司认为影响重大、需要披露的事项

• 公司主动向主办券商报告，并决定是否披露。

信息披露基本原则

1. 及时性、完整性、真实性、准确性

挂牌公司应当在临时报告所涉及重大事项最先触及下列任一时点后及时

履行首次披露义务，2个转让日内披露：董事会或者监事会做出决议时、签署意向书或者协议时、公司（含董、监、高）知悉或者理应知悉重大事件发生时。

及时性与完整性发生冲突时的处理办法：当筹划中或者进展中的事件触及信息披露的时点，应当披露但又无法完整披露时，应该采取分阶段披露的方式，以确保每个阶段披露的及时性、完整性。

2. 挂牌公司履行信息披露流程

挂牌公司在履行信息披露流程时，通常按照四步走：一是事前沟通。发生或预知发生重大事项，第一时间向主办券商报告就公告事宜与主办券商提前做好沟通。二是公告。按照股转系统要求编制公告文件，并报送主办券商审查，根据主办券商意见修改公告内容。三是报送文档。将盖章的公告、签字盖章的备查文件等纸质文件扫描或传真发送至主办券商。四是发布公告。将公告文件PDF格式、XBRL格式（如有）发至主办券商（需要注意：年报编制前，请将XBRL编制工具更新最新版本）。

日常业务办理工作指南

信息披露日常主要工作指南分别有：信息披露可参照《全国中小企业股份转让系统挂牌公司持续信息披露业务指南（试行）》；日常业务可参照《关于加强挂牌公司日常业务办理工作管理的通知》；暂停及恢复转让可参照《全国中小企业股份转让系统挂牌公司暂停与恢复转让业务指南（试行）》；权益分派可参照《全国中小企业股份转让系统挂牌公司权益分派业务指南（试行）》；持续督导解除与承接可参照《全国中小企业股份转让系统主办券商和

挂牌公司协商一致解除持续督导协议操作指南》。

主要包括以下几大方面：

1. 限售及解除限售

（1）基本制度

《公司法》对董监高限售及解除限售的规定：在职期间每年转让的股份不能超过其当年所持股份的 25%；并且离职半年内不能转让其所持股份；对发起人的规定：股改到挂牌不满一年的，不能解限。业务规则对控股股东、实际控制人的规定：挂牌前所持股票（包括已转让的）分三批进入系统自愿限售规则参见《关于向全国中小企业股份转让系统申请协助出具自愿限售登记函有关事项的公告》。批次进入：分别不早于挂牌之日、挂牌满一年、挂牌满二年。主要的办理时点：董监高每年 1 月份；董监高新增：新增股票 3 个转让日内；董监高离任离职生效后 2 个转让日内。

（2）注意事项

自愿限售需提交公司及股东申请书、主办券商审查意见；填写细节，以及股东与董监高重叠身份计算规则，最后是包括质押冻结在内的司法冻结。

自愿限售需提交公司及股东申请书、主办券商审查意见；填写细节要注意，不能有小数点，单位为股，限售小数点后进一，解限售小数点后舍去，宁愿多限也不能少限；重叠身份计算规则。如果公司股东既是控股股东及实际控制人也是公司董监高，可转让数额以其中数值较低的一项作为当年可申请解限股票数额；司法冻结（包括质押冻结、司法冻结）：办理限售需要获得质权人或司法机关同意。不能分拆解除限售，必须一次性将全部冻结股份申报解限。如该次可解限数量小于冻结股份数量的，应在冻结股份解冻后再申报解除限售。

比如，地星测绘未及时进行系统操作，解除股票限售时间。

| 证券代码：835790 | 证券简称：地星测绘 | 主办券商：江海证券 |

黑龙江省地星测绘科技股份有限公司
股票解除限售公告更正公告

黑龙江省地星测绘科技股份有限公司（以下简称"公司"）于2016年4月7日发布了《黑龙江省地星测绘科技股份有限公司股票解除限售公告》（公告编号2016-001），由于公司相关工作人员未能及时按照要求在中国证券登记结算系统中操作，导致解除限售公告中可转让时间延误，现做如下更正：

更正前：股票可转让时间为2016年4月12日。

更正后：股票可转让时间为2016年4月14日。

除上述更正外，其他内容不做更正。对上述更正给投资者带来的不便，公司深表歉意。今后公司将加强信息披露文件的审核工作，提高信息披露质量。

（3）业务办理流程

挂牌公司申请→主办券商实质审查出具明细→发送至 ywbl@neeq.org.cn→公司业务部出函→挂牌公司（券商代领）→中登（若函出错，应联系督导员、主办券商提交更新说明+正确的明细表，然后重新申请）

（4）分类计算问题

a. 控股股东、实际控制人：三批进入的基数为挂牌前的持股数，挂牌之日因股转公司成立不满一年而不能转让的应在成立满一年之际办理首批解限。

b. 董监高：年初申请解限数额为，以上年度末最后一个转让日登记在名下股票总额的25%减去无限售条件股票数额；当年新增的则以新增股票的75%限售。

c. 董监高离职：限售数额为全部可流通股份，解限数额为登记名下的全部股份数额减去离任前有限售条件股份；离职董监高需要注意离职时点、申请时点与办理时点；最后是满半年后的解限数额。

【分类计算案例一】

2013年某挂牌公司高管（非控股股东、实际控制人）名下有100万股，2014年初，其申请解限25万股，当年5月转让10万股，此后再无交易。

求2015年该高管可申请解限多少股？

结果：

2013年末总股数100万；

2014年初有限售条件股数75万，无限售条件股数25万，2014年5月转让10万；

2014年末有限售条件股数75万，无限售条件股数15万，总股数90万；

2015年初有限售条件股数为：90万×75％＝67.5万，无限售条件股数为：90万×25％＝22.5万

因2014年末无限售条件股数为15万，现可申请解限股数为：22.5万－15万＝7.5万。

【分类计算案例二】

某股份公司成立于2014年3月1日，其股票于2015年9月1日在新三板挂牌，甲为控股股东和发起人，但非董监高，甲在股票挂牌时共持有公司股票100万股。

2015年10月，甲卖出10万股该公司股票，11月，买入300万股该公司股票（无其他限售条件限制）；2015年12月1日，甲被聘任为公司总经理。求甲被聘任为总经理后应限售多少股？

结果：

甲受聘时所持股票总数为：100－10＋300＝390（万股）；

法定限售股数为：390×75％＝292.5（万股）；

任职前持有的有限售条件股票数额为：100×（1－1/3）＝66.6667（万股）

甲被聘任为总经理后，应申请限售股票数额为：292.5－66.6667＝225.8333（万股）。

d. 间接持股问题：针对控股股东、实际控制人间接持有的挂牌公司股票。计算原则是：如果控股股东、实际控制人对直接持有挂牌公司股票的法人机构达到控制，则该法人机构所持挂牌公司股票分3批进入；如未达到控制，则不用限售；（合伙企业、是否穿透计算）如董监高对直接持有挂牌公司股票的法人机构达到控制的，该法人机构所持挂牌公司股票不用限售；若同时为董监高的：直接持有的股票按25％解限，间接持有的从上规定。

2. 暂停业务

（1）一般情况暂停

需要申请股票暂停转让的情形：

• 向证监会申请首次公开发行股票并上市，或向证券交易所申请股票上市；

• 向全国股份转让系统公司主动申请终止挂牌；

• 未在规定期限内披露年度报告或者半年度报告；

• 主办券商与挂牌公司解除持续督导协议；

• 出现依《公司法》第一百八十一条规定解散的情形，或法院依法受理公司重整、和解或者破产清算申请；

• 挂牌公司有合理理由需要申请暂停股票转让的其他事项。

一般情况暂停需要提交申请的材料：

- 《暂停（恢复）转让申请表》，应明确恢复转让的最晚时点，暂停转让时间原则上不应超过3个月；
- 中国证监会出具的受理函和挂牌公司内部决策文件（上述第一项适用）；
- 挂牌公司内部决策文件（上述第二项适用）；
- 挂牌公司与主办券商签订的解除持续督导协议书和公司内部决策文件（上述第四项适用）；
- 法院出具的挂牌公司重整、和解或破产清算申请的受理函和公司内部决策文件（上述第五项适用）。

一般情况暂停的流程：

挂牌公司→向主办券商提交申请材料→主办券商审查无误盖章扫描发送股转公司，挂牌公司应在T-1日20点前披露股票暂停转让公告，T日挂牌公司股票暂停转让生效。

（2）暂停业务（重大资产重组）

出现下列情形需申请股票暂停转让：

- 交易各方初步达成实质性意向；
- 交易各方虽未达成实质性意向，但相关信息已在媒体上传播或者预计该信息难以保密或者公司股票转让出现异常波动；
- 本次重组需要向有关部门进行政策咨询、方案论证。

需要提交的申请材料是《重大资产重组暂停（恢复）转让申请表》。

流程方面，挂牌公司填写申请表加盖公章后发送至股转系统并抄送主办券商。挂牌公司应在T-1日20点前披露股票暂停转让公告，T日挂牌公司股票暂停转让生效。具体包括：

a. 挂牌公司填写《重大资产重组暂停（恢复）转让申请表》，加盖公司公章，并于 T-1 日（T 日为暂停转让生效日，且为转让日）15：30 至16：30 之间将《重大资产重组暂停（恢复）转让申请表》通过传真（传真号：010-63889872）发送至全国股转公司并抄送主办券商。

b. 挂牌公司应按照《重组业务指引》第九条的规定在 T-1 日 20 点前披露股票暂停转让公告。

c. T 日挂牌公司股票暂停转让生效。

• 公司须根据《暂停与恢复转让业务指南》发布公司证券暂停转让的公告，并在公告中明确恢复转让的最晚时点。证券暂停转让时间由公司自主确定，但原则上不应超过 3 个月，且恢复转让日与重大重组事项首次董事会召开的时间间隔不得少于 9 个转让日。

• 暂停转让时间确需超过 3 个月的，应当向全国股份转让系统公司说明理由，并在取得全国股份转让系统公司的同意后发布关于公司证券长期暂停转让的公告。

• 挂牌公司证券暂停转让后，应当每月披露一次重大资产重组进展情况报告，说明重大资产重组的最新进展情况，说明重大资产重组的谈判、批准、定价等事项进展情况和可能影响重组的不确定因素。

（3）恢复转让业务（一般情况恢复）

申请材料是《暂停（恢复）转让申请表》。重大信息或传闻的基本内容，重大信息在披露前已难以保密或已经泄露，或出现与公司有关传闻的公共媒体及原因，如未及时暂停转让可能给公司股票转让价格带来的影响，事由已经消除的原因及说明等证明材料；无先例或重大不确定性事项的基本内容，如未及时暂停转让可能给公司股票转让价格带来的影响，就无先例事项向有关部门咨询的过程和答复内容、重大不确定性已消除的说明等证明材料。

流程是：挂牌公司提供申请材料→主办券商审查并出具意见→券商审查

无误加盖公章扫描发送至全国股转公司。

a. 挂牌公司提供申请材料

b. 主办券商应对申请材料内容的完备性、真实性和准确性进行审查。对于挂牌公司决定终止重大资产重组情形的，主办券商还应对挂牌公司说明材料内容的完备性、真实性、合理性进行核查并出具是否同意挂牌公司股票恢复转让的意见。

c. 主办券商审查无误后，最迟应于T-2日（T日为恢复转让生效日，且为转让日）15点30分前将加盖主办券商公章的《重大资产重组暂停（恢复）转让申请表》、主办券商意见（如需）和挂牌公司其他申请文件（如需）的电子扫描件通过电子邮件（电邮地址：ywbl@neeq.com.cn）发送至全国股转公司。

a. 挂牌公司应在T-1日20点前披露股票恢复转让公告。

b. T日挂牌公司股票恢复转让生效。

这里需要注意一般情况恢复与重组业务延期。

(4) 延期恢复转让业务（一般情况延期）

申请材料是《延期恢复转让申请表》。其中，挂牌公司应明确延后最晚恢复转让日，延期原则上不应超过3个月；暂停转让情形未能消除的原因，证明材料和挂牌公司为消除暂停转让情形的相关安排。

流程上，挂牌公司提供申请材料。主办券商应对申请材料内容的完备性、准确性、真实性和合理性进行核查并出具是否同意延期申请的意见。主办券商审查无误后，最迟应于T-2日（T日为当前最晚恢复转让日，且为转让日）15点30分前将加盖主办券商公章的《延期恢复转让申请表》、主办券商核查意见和挂牌公司证明材料的电子扫描件通过电子邮件（电邮地址：ywbl@neeq.com.cn）发送至全国股转公司。获准延期恢复转让的挂牌公司应于T-1日20点前披露延期恢复转让的公告，说明延期恢复转让的原因、更改后的最晚恢复转让日以及为消除暂停转让情形相关安排的最新进展情况。此后，应当至少每 5 个转让日比照上述要求进行一次信息披露。

（5）延期恢复转让业务（重组业务延期）

申请材料是《延期恢复转让申请表》。其中，挂牌公司应明确延后最晚恢复转让日，延期原则上不应超过 3 个月；重大资产重组进展情况报告，说明延迟披露的原因、更改后的最晚恢复转让日以及重大资产重组的最新进展情况。

主要流程为：

a. 挂牌公司提供申请材料；

b. 主办券商应对申请材料完备性、准确性、真实性和合理性进行核查并出具是否同意延期申请的意见；

c. 对于挂牌公司因预计在最晚恢复转让日前 7 个转让日仍无法进行首次信息披露而申请延期恢复转让的，主办券商审查无误后，最迟应于 T－9 日（T 日为当前最晚恢复转让日，且为转让日）15 点 30 分前将加盖主办券商公章的《延期恢复转让申请表》、主办券商核查意见和重大资产重组进展情况报告的电子扫描件通过电子邮件（电邮地址：ywbl@neeq.com.cn）发送至全国股转公司；

d. 对于挂牌公司因其重大资产重组首次信息披露文件未能在最晚恢复转让日前获得全国股转公司审查通过等情形而申请延期恢复转让的，主办券商审查无误后，最迟应于 T－2 日（T 日为当前最晚恢复转让日，且为转让日）15 点 30 分前将加盖主办券商公章的《延期恢复转让申请表》、主办券商核查意见和重大资产重组进展情况报告的电子扫描件通过电子邮件（电邮地址：ywbl@neeq.com.cn）发至全国股转公司；

e. 获准延期恢复转让的挂牌公司应于 T－1 日 20 点前披露延期恢复转让的公告，说明延期恢复转让的原因、更改后的最晚恢复转让日以及重大资产重组的最新进展情况。此后，挂牌公司应当至少每 5 个转让日比照上述要求进行一次信息披露。

（6）日常业务办理——停复牌业务办理流程

a. 常规停复牌

● 挂牌公司申请→主办券商实质审查提交暂停（恢复）转让申请表→发送至股转系统邮箱并抄送督导员邮箱→主办券商督导公司 T-1 日发公告；

● 每 10 转让日披露一次未能复牌的原因和相关事件的进展情况。

b. 紧急停牌（重大资产重组）

● 挂牌公司申请→保密传真机→电话告知督导员；

● 需要注意的是至少每个月披露一次重大资产重组进展公告。

c. 紧急停牌（重大资产重组）

● T-1 日 20 点前披露股票恢复转让公告。

（7）权益分派业务

a. 规则与注意事项

● 股东大会通过后 2 月内实施完毕；

● 权益分派预案不宜确定股权登记日，股权登记日为未来的某一天，除权除息日为股权登记日的次一转让日（权益分派日）；

● 自派仅限于现金分派，只有截止权益分派股权登记日全体股东的持股时间都在 1 年以上，后续无须进行股息红利差别化跟踪扣税的才可以选择全部自派。

● 股票发行与权益分派不同同时进行，权益分派实施阶段股本结构不能发生变动，即不能办理新增股份登记、限售、解限售及股本变动业务。资本公积依据必须是半年内经会计师事务所审计过的审计报告。

b. 业务办理流程

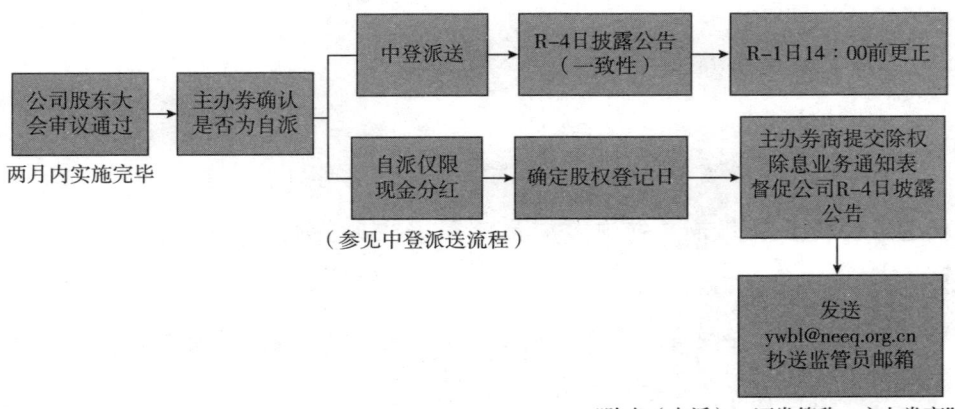

图 5-1 权益分派业务办理流程

c. 相关公告

主要包括：

- 董事会决议公告；
- 关于资本公积转增股本预案公告；
- 临时股东大会通知公告；
- 临时股东大会决议公告；
- 权益分派实施公告。

2016 年 3 月 21 日晚，振威展览发布 2015 年报和权益分派预案，公司 2015 年营收 1.39 亿元，净利润为 5443.97 万元。同时，拟向全体股东每 10 股派发现金 57.37 元（含税），拟以资本公积金向全体股东每 10 股转增 24.42 股，共分派现金红利 5000 万元（含税）。

天津振威展览股份有限公司 2015 年度权益分派预案公告

一、权益分派预案

根据天健会计师事务所（特殊普通合伙）出具的天健审〔2016〕1-25

号标准无保留意见《审计报告》，截至 2015 年 12 月 31 日，母公司累计未分配利润为 52 345 739.02 元，公司期末资本公积为 90 297 034.18 元。

（一）派发现金红利

以公司正在实施的股票发行完毕后的股本 8 715 642 为基数，向股权登记日登记在册的股东每 10 股派发现金股利人民币 57.368 12 元（含税），共分派现金红利 5000 万元人民币（含税）。

(8) 日常业务办理——持续督导解除与承接

（1）操作流程

a. 原主办券商与挂牌公司协商并达成解除持续督导协议的一致意见；挂牌公司与承接主办券商达成签订持续督导协议的一致意见；

● 召开董事会审议通过原主办券商解除持续督导协议并与承接主办券商签署持续督导协议的有关议案（包括拟向全国股转公司提交的说明报告、拟与原主办券商签订的终止协议、拟与承接主办券商签订的持续督导协议等）；

● 召开临时股东大会，审议上述议案；

● 挂牌公司与原主办券商签订附生效条件的终止协议，与承接主办券商签订附生效条件的持续督导协议；

● 原主办券商应在挂牌公司股东大会表决通过后十个转让日内，向全国股转公司统一提交说明报告和相关文件；

● 全国股转公司接收材料后向挂牌公司出具无异议函，自无异议函出具之日起，挂牌公司、原主办券商和承接主办券商签订的终止协议与新签订的持续督导协议随即生效；

● 协议生效的两个转让日内公告。

b. 相关公告

● 董事会决议公告；

- 临时股东大会通知公告；
- 临时股东大会决议公告；
- 挂牌公司变更持续督导主办券商公告；
- 主办券商解除持续督导协议公告；
- 主办券商签署持续督导协议公告。

小链接

帝联科技：一年两换主办券商

上海帝联科技于2014年12月2日经申万宏源证券推荐，获准在全国股转系统挂牌。2015年8月18日公司更换国信证券为主办券商进行持续督导。2016年4月5日，公司与国信证券解除持续督导协议，并于同日与平安证券签订持续督导协议。

持续督导其实就是管家婆，目前主办券商与挂牌企业数量比达1∶76，未来这一比例将继续扩大。截至4月6日，2016年新三板更换持续督导券商的企业已经达到77家，这个数字是2014年的10倍，也几乎达到了2015年全年的一半。

（9）日常业务办理违规案例

挂牌公司案例：凯英信业、斯福泰克、蓝天环保等企业被采取出具警示函、约谈等监管措施（见表5-2）。

表5-2 挂牌公司违规案例

证券代码	证券简称	监管对象类别	采取监管措施的日期	具体监管措施	违规行为
430032	凯英信业	挂牌公司	2014/3/14	出具警示函、要求提交书面承诺	未及时更正2012年年度报告；未按规定披露会计差错更正应披露信息
430052	斯福泰克	挂牌公司	2014/3/14	出具警示函、要求提交书面承诺	未按规定披露会计差错更正信息

第 5 章 信息披露：合法合规与市场互动

续表

证券代码	证券简称	监管对象类别	采取监管措施的日期	具体监管措施	违规行为
430263	蓝天环保	挂牌公司	2014/5/7	要求提交书面承诺	关联方披露不完整、关联交易未经内部决策程序且未披露，关联方资金占用未披露
430122	中控智联	挂牌公司	2014/7/7	约见谈话、要求提交书面承诺	2012年年报中财务数据与审计报告数据存在多处不一致，信息披露不准确且未及时更正
430056	中航新材	挂牌公司	2014/7/7	约见谈话、出具警示函	2013年年报中多处遗漏应披露信息，部分章节与《全国中小企业股份转让系统挂牌公司年度报告内容与格式指引（试行）》相关要求严重不符
430523	泰谷生物	挂牌公司	2014/8/6	出具警示函	泰谷生物对于公司高管被采取强制措施及公司控股股东占用资金等重大事项，未履行信息披露义务
430136	安普能	挂牌公司	2015/3/20	出具警示函、提交书面承诺	对3起重大涉诉事项未及时履行信息披露义务

挂牌公司高管、董秘案例：中控智联、中航新材、安普能等企业的高管、董秘被采取监管措施（见表5-3）。

表5-3　挂牌公司高管、董秘违规案例

证券代码	证券简称	监管对象名称	监管对象类别	采取监管措施的日期	具体监管措施
430263	蓝天环保	潘忠	挂牌公司董监高	2014/5/7	约见谈话、要求提交书面承诺
430122	中控智联	闫晓华	挂牌公司董监高	2014/7/7	约见谈话
430056	中航新材	余罗	信息披露负责人	2014/7/7	约见谈话
430523	泰谷生物	段传武	信息披露负责人、财务总监	2014/8/6	出具警示函
430219	中试电力	刘敏	原董事、董事会秘书	2014/10/20	约见谈话

续表

证券代码	证券简称	监管对象名称	监管对象类别	采取监管措施的日期	具体监管措施
430134	可来博	王润、陈秀岚、赵佐政、胡永明、张英、侯玉玲、李晓英	董事、监事	2015/2/11	出具警示函
430136	安普能	樊东华	董事长、实际控制人	2015/3/20	约谈话、出警示函
430136	安普能	钮祝红	董事会秘书	2015/3/20	约见谈话

主办券商及中介机构案例：凯英信业、中控智联、中航新材等企业的主办券商及中介机构被采取约谈等监管措施（见表5-4）。

表5-4 主办券商及中介机构违规案例

证券代码	证券简称	监管对象名称	监管对象类别	采取监管措施的日期	具体监管措施	违规行为
430032	凯英信业	齐鲁证券	主办券商	2014/3/14	约见谈话、要求提交书面承诺	未能履行持续督导职责。
430122	中控智联	中原证券	主办券商	2014/7/7	约见谈话	中原证券作为中控智联主办券商，未能督促其规范履行信息披露义务，未能尽职对信息披露文件进行事先审查，未勤勉尽责。
430056	中航新材	中信建投	主办券商	2014/7/7	约见谈话	中信建投作为中航新材主办券商，未能督促其规范履行信息披露义务，未能尽职对信息披露文件进行事先审查，未勤勉尽责。
430523	泰谷生物	山西证券	主办券商	2014/8/11	约见谈话	山西证券作为泰谷生物主办券商，未能尽职履行推荐义务，未能督导挂牌公司诚实守信、规范履行信息披露义务、完善公司治理。
430219	中试电力	齐鲁证券	主办券商	2014/10/20	约见谈话	齐鲁证券未能尽责履行持续督导义务，未能督导挂牌公司诚实守信、规范履行信息披露义务、完善公司治理。

续表

证券代码	证券简称	监管对象名称	监管对象类别	采取监管措施的日期	具体监管措施	违规行为
430134	可来博	东方花旗	主办券商	2015/2/11	约见谈话	东方花旗未能尽职履行推荐义务，未能督导挂牌公司诚实守信、规范履行信息披露义务、完善公司治理。
430032	凯英信业	中审国际	中介机构	2014/3/14	约见谈话	未能勤勉尽责地履行审计师职责。
430134	可来博	中审亚太	中介机构	2015/2/11	约见谈话	中审亚太作为为可来博出具2013年年度审计报告的会计师事务所，未能做到勤勉尽责和诚实守信。

尤为值得一提的是新三板市场 2015 年半年报未披露的处理情况，截至 2015 年 8 月 31 日，聚利科技、业际光电、佳龙股份、群龙股份、育星达、环球渔场、世能科泰、力软科技、宁冠鸿、天涯社区等 19 家企业未能按照有关规定披露 2015 年半年度报告。按照股转系统的规定上述股票自 9 月 1 日起暂停转让。

第 6 章

4R关系：把握投资者关系管理模型

传统意义上，投资者关系管理仅仅指管理买卖公司股票的人。随着 A 股市场化改革与新三板注册制的到来，投资者关系管理更加广义化，越来越强调董秘对接产业与资本的能力，越来越强调董秘的市场化运作能力。

董秘所处的资本生态——现代企业成长之路

现代企业的成长与资本市场密不可分。现在的创业环境和 20 年前相比，发生了天翻地覆的变化。企业从小到大一直需要各种资金的支持，创业开始要接触天使投资，然后是 VC 的 A 轮投资、B 轮投资，之后是 PE 投资，等到想上市时，又要接触券商的投行部，要引入律师和会计师帮忙处理上市前工作；把材料准备好递交到证监会和交易所，要对接各种监管部门；拿到上市批复函，又需要和券商资本市场部对接，甚至包括和财经公关一同面对整个 IPO 的发行流程；企业真正要发行新股，会有新股投资者来认购股票；新股认购的投资者把企业股票放在二级市场交易，要接触二级市场投资者，包括个人投资者与机构投资者，机构投资者又分为公募基金、私募基金、券商资管部门、券商自营部门、保险资管部门以及财务公司等，甚至还包括 QDII（合格境内投资者）、QFII（合格境外机构投资者）；等一路在资本上成长，一路做强做大，需要更多的资本市场资源，有专门的并购基金，甚至包括 PIPE 基金。不难发现，企业的整个投资生态自企业创立到一步步发展壮大皆紧密相连。

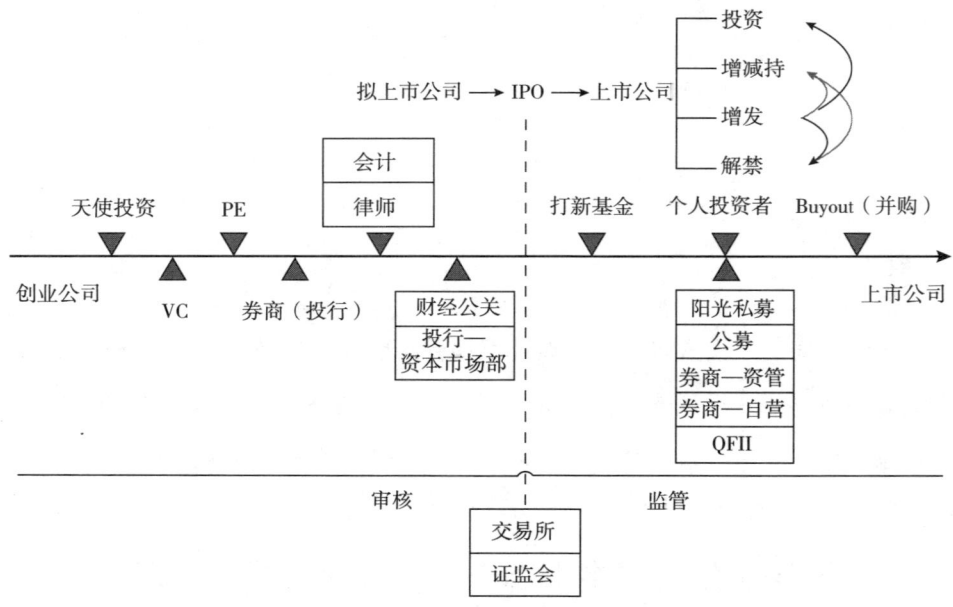

图 6-1　企业成长所处资本生态链

"到底谁是庄家？"——A 股各类投资者占比

A 股市场常常讨论的一个事情是股票的庄家，某某股有人坐庄。往深里想，A 股的庄家到底是谁？假如真的有庄家，庄家一般都是筹码最多的人。我们看看图 6-2，庄家最多的人是谁？在任何市场都是这样，筹码最多的人是上市公司大股东。

从图 6-2 可发现，第一，流通股投资者结构，65% 都是法人股东，基本都是大股东在持股；第二，在成熟资本市场上，个人投资者一般占比 8% 至 11%，A 股个人投资者占比达到 21%。扣除大股东部分，个人投资者占比超过一半，A 股最大庄家除了上市公司大股东就是散户。人们常说 A 股没有价值投资理念就源于此——超过 50% 的散户。因此资本市场周期只要转好，A

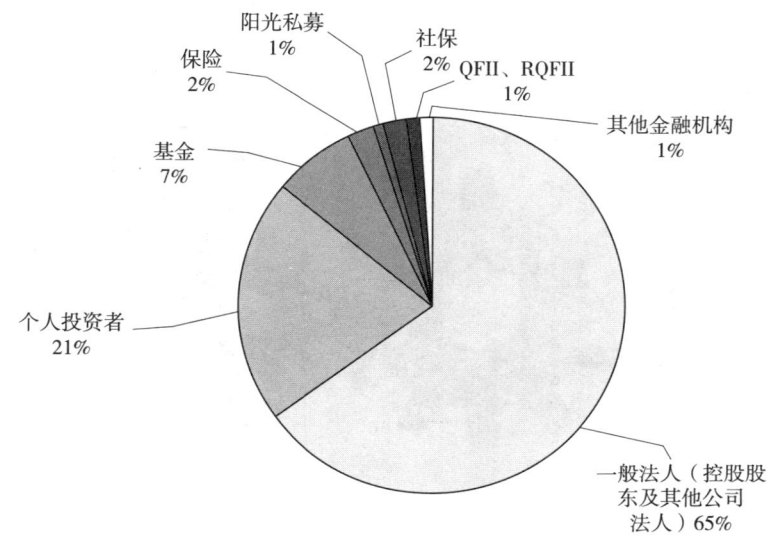

图 6-2 2013 年 A 股流通股投资者结构

股走势和涨幅都不符合逻辑，该调整的时候却在涨，常常出现单边牛市。排在一般法人和个人投资者之后的公募基金，流通股占比 6.8%，这就是 A 股大体的投资者结构。但新三板结构并非如此，新三板大股东占比更高，个人投资者占比更少。存量流通股基本上是做市商占据着重要地位，而定增的增量股则由 PE 投资机构主导。

4R 关系详解

资本市场各环节各主体都直接或间接地是投资者关系管理的对象，包括媒体关系（Media Relationship）、研究员关系（Analyst Relationship）、投资者关系（Investor Relationship）、监管关系（Regulation Relationship），称为 4R 关系管理，甚至还包括中介关系，含投行、会计、律师、并购、财经公关、咨询等。在新三板市场，还要增加做市商的关系管理，称为 5R 关系管理。

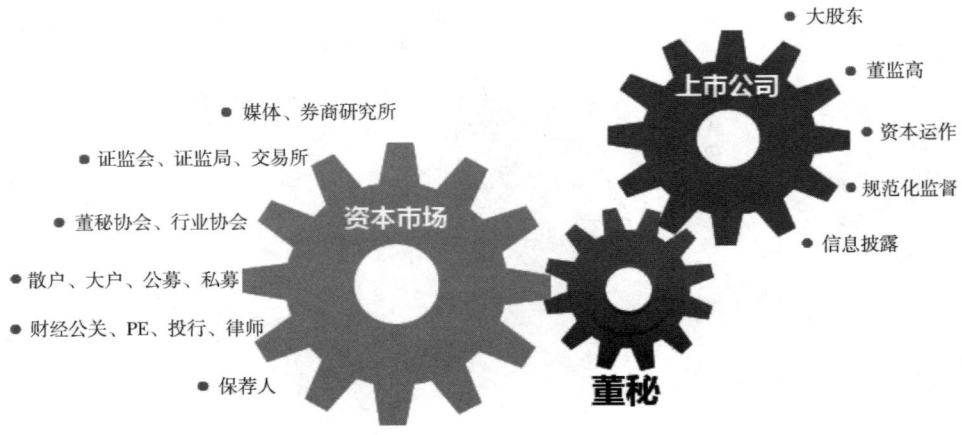

图6-3 董秘所处位置

广义上包括中介关系的4R关系,组成了整个资本市场更加有效的信息传递路径。正是在这样一种中介关系组成下,整个市场变得更加有效,信息传递更加直接和准确地反映在市场上。这些中介关系直接或间接地影响市值,短期看,它对资本市场本身基本面的影响甚少,更多的是或多或少地影响人的情绪,左右投资者对上市公司的价值判断,从而影响股票短期的上涨或下跌,我们称之为资本市场的噪音体系。

再谈新三板的中介生态与机会:"从1000到10 000"的连锁反应

两年的时间,新三板市场挂牌企业数量从1000家到达10 000家,10倍的市场证券化结果会带来一系列的问题,我们觉得有三个核心问题:

第一个是中介服务能力不足。不同数量等级的上市公司对中介机构的能力要求是完全不同的。A股市场相对来说是一个牌照型市场,监管层用的是审批制,上市公司永远是稀缺的,资金是充裕的,标的是充裕的,竞

第6章 4R关系：把握投资者关系管理模型

争也是充裕的，中介服务机构有准入门槛，也有牌照限制。但是新三板市场完全不是这样：资金是稀缺的，上市公司是供给过剩的。

举个例子，2014年1月，新三板在线教育这个行业上市公司只有不到5家公司，但是到了2015年年底，超过50家。对于投资者而言，假设只有1000万，一开始只有5个标的可以选，可能每个都很贵，但是有50家公司可选的时候，谁好、谁便宜就投资谁，资金开始变得稀缺。上市公司的供给、股票的供给开始变得充裕，随之整个服务体系开始发生变化。再举个有关新财富的例子。券商研究员都是靠新财富生存的，新财富的排名2016年新增加了一项，"最佳新三板研究机构"评选出了前五名，能够有资格参与该奖项的新三板券商研究所只有7家。现在主流的七八十家券商里面只有7家公司成立了独立的新三板研究部，这意味着只有7个团队是研究新三板的。专门研究新三板的大团队有5个人，小团队一般是2个人，7个团队加起来不到20个人，要覆盖10 000家公司。一个简单的问题就是，2017年谁来写报告？谁来挖掘公司的投资价值？谁来引导投资机构的关注？但A股并非如此，A股公司不足3000家，整体卖方分析师数量大概有2500名。新财富评选对分析师意味着什么？新财富的生存逻辑是这样的：对于券商分析师来说，只要新财富上榜，工资奖金等收入大幅飙升。规则怎么来的呢？基金等投资机构投票投出来的，谁的研究好，谁能推荐好股票，就投票给谁。现在问题来了，投票的投资机构现在都不投资新三板，研究员即使推荐了新三板公司，投资机构也挣不着钱。投资机构不关注，研究员推荐好公司又有什么用？对于券商研究所新三板团队而言，整个生存状态都面临着被改变的关键节点。

第二个是新三板市场缺乏财经公关有效供给。在A股市场原来有个财经公关行业，有什么用呢？一是搞定媒体关系，确保公司没有一篇负面文章，只要付钱就行；二是做好投资者关系。在港股市场或者美股市场，财经公关公司招人标准是投行级别。但国内财经公关招人基本上都是二三流学校。为什么呢？因为投资者关系本质上解决的是投资者吸引和关系管理问题，但A股是不存在投资者关系的，为什么呢？因为资金永远是充裕的，股票永远是稀缺的，公司股价永远是高的，上市公司永远是被投资人追着的。但是港股不是，港股资金是稀缺的，上市公司不是稀缺的，公司投资者关系做得不好，或财务指标不好，或业绩成长不好，或未来成长性不好，基金等投资机构都不会关注公司。财经公关在海外做的就是帮助上市公司挖掘价值、吸引资金。这点和新三板市场未来状况相同——资金稀缺股票充裕的情况下，公司必须具备吸引资金、吸引投资者的能力。现在新三板公司出现这种市场需求，却没有财经公关公司可以有效供给，自身能力不够，中介服务能力又跟不上，市场此时存在巨大的缺口。

  第三个是市盈率估值体系的明显不适用。过去，资金充裕、股票稀缺，包括A股市场，股票永远在涨，估值虚高，互联网概念公司市盈率永远超过100倍。新三板市场并非如此，将面临三个重要的变化：第一个变化是在公司挂牌门槛低、投资者门槛高的情况下，估值体系独立性将明显增强。新三板好公司在短期能拿到好的、高溢价的估值。互联网某行业公司，在短期内能拿到好估值，但新三板市场挂牌门槛低，高估值瞬间将吸引数十家同行业挂牌，第二年新三板互联网某行业公司会成为一个独立板块。新三板的估值体系将会发生与A股不同的变化，A股稀缺的股票在新三板变得不那么稀缺，在A股高估值的公司在新三板里拿不到高估值。比方炒壳，供给限制下，A股股票是稀缺的，永远可以炒壳，ST天天炒，但新三板不是，新三板的壳不那么值钱。比如A股喜欢炒小股票，炒低价股，但新三板不是这样。因为两个市场的投资者生态完全不一样，A股持股结构中，扣除大股东后，散户持股率超过50%，但是新三板不一样，500万元的门槛卡住了散户，散户率难以提高。A股的逻辑、A股适用的故事、A股适用的热点、A股炒股方法可能在新三板都很难适用。新三板有自己独立的估值体系。

第二个变化是酒香也怕巷子深。有 10 000 家公司的时候，好公司的价值描述和价值传播不到位，也会被埋没。公司只能通过自身努力完成价值挖掘和价值传播，让机构投资者知道公司投资价值。就如同 A 股常说的"沙漠之花"——茫茫沙漠之中，再艳丽再有生命力的花朵也会被埋没。一个好公司扎堆在不好的公司里，没人挖掘，自然就成了"沙漠之花"。新三板中可能 70% 的公司是没有未来的，"沙漠之花"会成为常态。考虑进入前 100 家甚至前 50 家是重要出路。第三个变化是新三板不强调利润的门槛将导致以市盈率为核心的估值体系发生变化。A 股的发行体制决定了上市时公司都是有利润基础的。一旦整个市场的公司都有利润，最好的估值方法就是市盈率法。国外的资本市场关注经营性现金流，关注 ROIC（资本回报率），但国内 A 股市场永远关注净利润，尽管实际上公司损益表调整空间很大。从新三板市场的低利润门槛来看，A 股这种以利润为核心的市盈率估值体系将明显不适用，将会从纯的损益表博弈逐渐发生变化。

卖方的三种生态

对于卖方研究员，整个生态就是围绕新财富评选（以买方为主的资本市场机构对证券公司研究员等每年做出的评选排行榜）。

以 2015 年第十三届新财富评选为例，该届共有 50 家券商研究机构的 1600 余位分析师/销售服务经理报名，共有来自近 1100 家机构的 3500 余位投资者参与投票。这些机构投资者包括公募基金、全国社保基金理事会、中国保险保障基金、保险公司/保险资产管理公司、银行、私募基金、证券公司资产管理部、自营业务部、信托公司、财务公司/大型集团资产管理公司、QFII（合格境外机构投资者）、海外投资机构。这些投资机构要获得 5 家或以上参评券商研究机构推荐且购买券商研究服务的年度总金额达 100

万元以上才有投票资格。2015年，参与投票的机构投资者管理的资产总规模合计超10万亿元。根据评选规则，第十三届评选的34个研究领域分类中，18个领域将公布前五名上榜，这些领域包括宏观经济研究、策略研究、金融工程研究、固定收益研究、各类行业研究、中小市值公司研究等，还包括对机构研究或销售实力进行评选，例如最佳海外市场研究机构、最具影响力研究机构、最佳销售服务团队。鉴于2015年新三板的如火如荼之势，新增最佳新三板研究机构奖项，安信证券、中泰证券、兴业证券、申万宏源证券、海通证券分列前五位。

新财富评选通过让买方评选卖方研究员的模式，减少了证券市场研究水平的信息不对称，使得机构投资者的研究市场需求得到正向的反馈，也扩大了优秀分析师的市场影响力。实际上，卖方研究员是综合资源的一个整合体，除了研究员自身的努力程度、研究实力之外，还有市场对其投资理念的认可，其在买方机构中的影响力以及对行业人脉的认识。

层出不穷的卖方分析师奖项，不仅仅是对研究水平和综合实力的认可与肯定，更与个人薪酬和职业规划等息息相关。比如，拿过新财富就能涨工资早已是行业内的透明规则。

这样的竞争规则衍生出了卖方研究员的各种生态。

生态一：不是代理不卖力，抢到红旗一起冲

卖方研究员需要买方给其投票，投票的规则又取决于两点：一是研究员有没有推荐让投资者赚钱的股票；二是挣钱的股票是不是由其首先推荐。主推研究员和非主推研究员在心态和付出程度上一定会有明显的差异，最终的结果是，如果能占住坑，成为主推荐员，就会非常卖力地推荐；如果不能，可能只是帮忙吆喝两嗓子。作为公司的主推研究员，会竭尽所能帮助上市公司整合资本市场资源，甚至联合自己的资源一起为公司写深度研究报告。

第6章 4R关系：把握投资者关系管理模型

生态二：猛票要有公司挺，新财富入围靠押宝

在资本市场中，一只牛股的兴起一定不是外部投资者与研究员一厢情愿的结果。一只好股票一定需要资本市场周期、资金情绪周期、产业周期和公司盈利周期共振才会出现，公司外部的价值挖掘与价值认识工作需要投资者生态与研究员共同完成，而内部情况更多需要公司自身完成价值梳理。从研究员角度看，从产业维度和公司维度发现靠谱的股票成为其年初最主要工作之一。每年开春，研究员最重要的工作之一就是准备一份自己业务已覆盖范围内的公司名单，在力所能及的范围内筛选产业和基本面上具备爆发潜力的公司，接着进一步去公司调研，最终确定哪些股票可能成为研究员冲击新财富的关键性推荐个股。一般能够获得公司主推荐资格的研究员，多数和公司达成了深度共识——与公司合作共同挖掘推荐公司价值，完成市场对公司价值认知工作。A股中常常可以见到这样的情景：上市公司董事长被某券商的首席研究员领着到各个地方见各种不同的投资人。

生态三：一票通 vs 百票通

卖方研究员存在的各种竞争生态导致研究员采用各自不同的策略。与投资者的长线持有与短线持有一样，有些研究员会坚定持续地推荐一只股票，从年头推到年尾，而有些研究员则会在不同时期、不同的市场阶段、不同的热点或主题中推荐各种各样的股票。研究员所代表的市场资源风格也不同，比如，找一个一年只推荐一只股票的研究员推荐自己的公司，往往效果不会很好，而需要卖方研究员坚定支持公司股票时，一年推荐几十只股票的研究员最终带来的效果也不会特别理想。在这样的环境下进行卖方研究员关系管理，需要在不同的情景、不同的市场阶段中寻找相应的研究员。如果公司是一只黑马股，市值体量较小，要找到久负盛名的新财富前三名的研究员来挖掘公司价值，很可能对方会有较多的顾虑。

大市值的明星公司假如找排名新财富评选第五名以后的研究员作为主要

推荐研究员，会发现其市场影响力和资源覆盖程度不能达到公司的要求。一家上市公司找了五六个分析师同时作为核心推荐的研究员，可能研究员关系管理会变得很混乱，甚至信息出口出现疏漏。做一个初具市值体量的公司，只有一两个研究员对公司进行覆盖，会发现市场影响力又远达不到预期。所以我们一直建议上市公司，真正选择主推研究员时需要注意几个方面：第一，高智商。这样的研究员能够把产业逻辑和公司逻辑研究明白，能够在很短的时间里说清公司的价值，说清行业的未来发展甚至能够为公司战略走向提出建议。第二，高情商。这种研究员在市场上有较好的人脉服务意识，能搞定买方投资者，关键的时候可以为公司站台，帮助公司整合资本市场资源。第三，好口碑。每个研究员在市场上口碑各自不同，一定程度上是他们平日言行的集中反映，是做人做事的一个重要指标。卖方研究员的口碑一定程度上影响上市公司的资本市场形象，口碑较好的研究员有较好的背书作用。

买方的生态

买方研究员的意义，更多的是帮助基金经理跟踪股票，确保自己推荐的股票不出问题。

买方研究员的生态与卖方研究员有所不同，买方研究员更多是为基金经理服务，帮助基金经理识别各种上市公司短期信息的可靠性，从而辅助基金经理完成各种投资决策，其生态更多围绕基金经理和基金公司本身的决策展开。笔者有个关系很好的买方研究员曾任职一家老牌公募基金，当时他向基金经理推荐了一只股票，后者在其推荐后重仓买入，紧接着公司披露当年三季报业绩下降30%，股票连续2个跌停。

过去笔者带上市公司参加各类基金路演时，我们常常听见买方研究员对上市公司说，希望跟公司共同成长，将长期持有公司股票，成为公司的好股东，但是，他们最终还会加一个问题——这个季度这个月的业绩是多少？因

第6章　4R关系：把握投资者关系管理模型

为股票市场的流动性、活跃性，买方机构永远关心短期股价的波动，所以投资者与上市公司多是同床异梦——公司希望买方投资者长期持有公司股票跟公司共同成长，买方投资者则希望公司短期业绩高成长，实现股票价格上涨，虽然短期内大家都在一条船上。

基金经理的思维方式又和买方研究员有所不同。我们主要以公募基金的基金经理为例，他们的生态是由什么决定的呢？基金经理的竞争规则是由其每年业绩的相对排名决定，末位淘汰制决定了其相对排名，基金经理影响竞争生态。

基金经理的投资逻辑是什么呢？短期最重要的三件事：业绩、业绩、业绩，所有的逻辑都是为了证实业绩；长期的关注点各有不同，可能是个人想象力、公司的长期价值。更进一步，短期看投资者决策变化更可能来自情绪，甚至来自K线，中期看则来自基本面的变化，而长期看则取决于上市公司的投资故事是否能够证伪。

总之，核心的投资逻辑始终围绕两个问题：第一，公司如何挣钱；第二，公司如何快速地挣更多的钱。因为二级市场流动性的变化，导致有时候基金经理的投资逻辑特别简单粗暴，甚至两点一线：基金经理买入一只股票，业绩要能达到预期；如果业绩达不到预期，至少要有利好消息；如果没有利好消息，至少投资逻辑不能破；一旦投资逻辑出现了变化，那不论任何情况都先卖掉股票再说。

在这样一套竞争规则下，不同的投资者会产生不同的博弈逻辑。我们常常听见的一个笑话是，甲乙两人玩一个游戏，双方各自规定相互买卖一个咸鱼罐头，双方约定好都以原价加一块钱的价格卖给对方，甲以一块钱把咸鱼罐头卖给乙，乙以两块钱价格把咸鱼罐头再卖回给甲。循环往复，一直被炒到了30块钱。这个时候乙突然觉得很好奇，为什么一个咸鱼罐头要卖30块钱？出于好奇，他打开了这个罐头，结果发现咸鱼罐头已经臭掉了。他很气愤地问甲："你怎么能30块钱卖给我一个臭掉的鱼罐头呢！"甲淡定地说：

"这个鱼罐头是拿来买卖的,又不是拿来吃的。"

公募基金的游戏规则玩的是相对排名,基金经理只要不排到最后就不会被淘汰,基本可以拿到高工资,业绩好甚至可以拿奖金。排名会导致什么结果呢?博弈。基金经理有好股票一般不告诉别人,发现一只好股票,自己先买,买完之后再推荐给 A。等 A 买完后再找其他人买,其他人买的时候全卖给他,就变成了博弈局。除了博弈,回归到股票市场的最重要竞争规则,只有一点:业绩。主板是炒业绩,也可以说炒概念,也可以说炒博弈,但是新三板关注的就是业绩,有业绩才能成为投资者首选。业绩是什么?是游戏规则。就好像大家玩德州扑克的游戏规则:从大到小,同花顺大于四条,大于三条,大于一对。A 股的游戏规则就是损益表的业绩。

关系管理举例

案例 1:分众传媒的媒体关系管理

2011 年 11 月 22 日,以做空中概股闻名的美国第三方独立调查机构浑水公司发布针对分众传媒的调查报告,认为分众存在夸大 LCD 网络覆盖面、通过虚假或问题并购及财务操作进行内部人交易并侵害投资者利益等行为。受此影响,分众传媒股价收盘暴跌 39.49%,报 15.43 美元,盘中跌幅一度超过 60%。

当天分众即通过各种方式向公众澄清公司事实情况:

22 日(北京时间)凌晨 1 时多:江南春打电话给公司各相关高管通报危机,并定于早上 9 点召开危机应对会议。

22 日(北京时间)凌晨 2 时 56 分:江南春通过微博表态,声讨浑水的无根据质疑，获得极大关注。

22 日（北京时间）早晨 9 时许：江南春返回办公室召集开会，业务部门将被质疑的 LCD 屏幕总数和分布资料整理呈上，各部门也分别汇报了初步的回应安排方案。

22 日（北京时间）16 时许：分众副总裁嵇海荣接受网络访谈。

22 日（北京时间）17 时 40 分左右：官方发出声明，表示浑水对公司液晶广告屏幕的调查数量与公司宣称的数量存在较大差异的原因为浑水完全不懂分众业务。在分众商业楼宇联播网中，除了有 12 万块左右的楼宇电视屏幕外，还有数万块的楼宇数码海报也属于商业楼宇联播网范畴，而浑水未将数码海报屏幕列入整个系统中。至于对公司内部人交易并侵害投资者利益的指责，公司已在提供给美国证券交易委员会的报告中作出清晰的回答。对于滋事造谣的机构，公司会寻求法律手段捍卫投资者的利益。

22 日（北京时间）当晚：分众宣布，将依照先前公布的计划继续回购股票。江南春也将购买 1100 万美元的分众股票。

22 日（北京时间）21 时前后：发布公告回击质疑，美股开盘前，举行投资者电话会议。

事件的后续：

11 月 23 日美股开盘，原有股东和江南春本人火速入场分别斥资 1035 万美元、1100 万美元增持分众股票。当天，分众收盘大涨 14.71%，报收于 17.70 美元。

案例 2：汤臣倍健

分析师调研上市公司是其了解覆盖行业状况、公司经营状况、分析公司竞争态势、对公司未来盈利能力作出预测及给出投资建议等一系列后续工作的基础。反过来看，上市公司董办可以利用分析师调研的契机，积极向资本市场传递公司投资价值,减少信息不对称。

汤臣倍健主营膳食营养补充剂的研发、生产和销售。据慧博终端统计,自 2015 年下半年至 2016 年上半年,关于汤臣倍健的研究报告共计 58 篇,其中关于公司深度报告 6 篇。共计 16 家券商研究所的分析师对汤臣倍健进行覆盖:华泰证券、长城证券、财富证券、中泰证券、安信证券、华创证券、广发证券、元大证券、东北证券、华融证券、国信证券、首创证券、中原证券、广证恒生、国金证券、华鑫证券。

汤臣倍健公告显示,自 2015 年下半年至 2016 年上半年,共接待 12 批分析师调研,个别月份每月接待两批卖方与买方分析师。

表 6-1 汤臣倍健投资者关系记录表(节选)

调研时间	调研单位	接待人员	调研形式	询问事项
2015-7-24	中信证券	董秘、财总	电话会议	中报交流会
2015-8-26	华泰、长城、申万证券等	董秘	现场	涉及公司商超目前经营情况、新产品销售渠道、竞争对手影响、海外业务进展情况、公司竞争优势等问题
2015-9-15	银河证券	董秘	现场	投资新公司的原因、线上产品布局情况等问题
2015-10-22	中信证券	董秘、财总	电话会议	三季度业绩说明会
2015-11-11	招商证券	董秘	现场	主品牌增速、海外标的品牌问题、新《食品安全法》对公司影响等问题
2015-12-30	广州证券等	董秘	现场	已有项目进展情况、商超业务扩张情况、参股公司情况等问题

投资者关系管理核心是数据分析

投资者关系管理核心是数据分析。比方新三板公司,每个月有两份股东名册。第一,新三板公司有必要每个月分析哪些投资者买、哪些投资者

第6章 4R关系：把握投资者关系管理模型

卖，是什么样的风格、特点；第二，通过数据分析把握投资者的投资特点和行为偏好，比方说，电子行业就别去找医药行业投资者说公司多有价值；可以基于投资者的持仓数据变化分析判断其行为偏好，比方说，哪些是左侧投资者，底部反弹前买入，哪些是右侧投资者，涨势确立后买入，哪些人是黑马股偏好者，哪些是白马股偏好者。通过各种各样的行为分析找到属于公司的投资者。

表6-2 投资者关系管理参考维度

参考纬度	行为变化	投资偏好	机构类型	基金经理风格	机构风格
分析项目	1. 短期连续加仓、减仓 2. 连续持有 3. 调仓率 4. 热点偏好	1. 同业配置偏好 2. 行业配置偏好 3. 市场影响力 4. 现金仓位高 5. 新基金 6. 中小盘偏好	大户公募私募保险资管自营QFII	1. 左侧型 vs 右侧型 2. 实业型 vs 逻辑型 3. 乐观型 vs 谨慎型 4. 历史业绩 5. 历史风格（白马 vs 黑马） 6. 风格认同	1. 短期热炒 vs 长期持股 2. 轻仓参与 vs 重仓持有 3. 大面调研 vs 深度勾兑

投资者关系管理中，另一项重要的工作是路演。路演有很多种形式，包括一对一路演、一对多路演、反向路演、联合调研、餐会、电话会、业绩说明会、策略说明会、网上投资者接待，还有投资者开放日等。每种路演工具和方式对应不同投资者。公司权重股东，肯定要一对一沟通；对于不知道公司的投资者，最好一对多路演，券商策略会是最好的方式。A股跟港股有根本的区别：A股没有投资者关系管理无所谓，公募基金天天追着公司。因为A股供求是不平衡的。港股的上市公司很主动，把年报编成漂亮的邮件与短信发给投资者，其他任何公告也是如此，这就是服务投资者。为什么呢？因为在港股市场，公司规模小，投资者不关注；信息披露不透明，投资者不关注；公司表现不好，投资者不关注。因为市场有效供给是充分的，港股投资者是稀缺的、强势的。一旦公司业绩不达预期马上把股票卖掉，而且卖股票的时候是不考虑有没有人接盘的，卖到有人接盘为止，他不计成本就往外出货。

与港股有着相同的供需背景的新三板未来不是向 A 股靠拢，而会向港股靠拢。例如，在路演方面，不能想到一茬做一茬，而要把全年的业绩规划和路演规划都安排好。基于宏观定调，公司找到全年的投资者工作主线，根据主线反推每个季度需要做哪些投资者沟通工作，每个阶段市值应该怎样表现。在具体工作中，每一步的落地要结合公告，结合年报，结合信息披露，结合路演公告，组合传播动作对外宣传。例如，某公司三季度要发定增的话，第二季度要启动第二次做市。第二次做市之前，前一年年底要启动第一次做市。第二次做市之前，公司的年报和外部的研究报告要配合，还要路演工作和反向调研进行配合。通过北上广深四地路演和反向调研，加深投资者对公司的印象、对公司价值的认可，加大投资者买入力度。资金的关注，必须靠公司自己努力才能争取到。

第 **7** 章

路演传播：聪明的价值传播

为了实现公司的价值传播和价值挖掘，新三板董秘需要非常了解各类投资者关系管理工具和载体（最典型的如路演），十分熟悉其存在的各种形式。在投资者关系管理工作中，核心要做到"单点发力、系统跟进"，在实操中主要体现在两个方面：一方面，在每个单独传播动作上发力，比如更好地选择路演的时点，更好地实现情绪的共振，更好地展现公司的投资价值；另一方面，新三板公司应对全年工作做好系统性预判与布局，明确哪些工作是未来一段时间要做的，前后的传播动作如何衔接，以及如何围绕业务的经营性事件在合法合规的前提下更好地实现最优自选传播动作组合。

路演大有学问

路演是个舶来品，是英文 Roadshow 的直译，主要指的是公司向投资者推介自身投资价值的一种手段和方式。在成熟的资本市场中，路演其实是一项非常有技术含量的工作。在美股和港股市场，上市公司股票证券发行之前还会聘请路演公司对其投资价值进行专项推介工作。因为 A 股自身原因，路演工作在上市公司主要工作中一直没有被提到一个重要的位置，甚至往往只限于与投资者一般的粗放式沟通。

路演工作本身就是上市公司投资价值的重要载体形式之一，上市公司所处不同阶段，路演的频次、范围、深度、形式、对象都各有不同。一次好的路演对公司传播投资价值、找到最终认可公司价值的投资者非常重要。反之，如果工作只流于表面形式，就会事倍功半，达不到理想效果。

路演工作大有学问，总结如下：

路演的形式可以分为一对一路演、一对多路演、反向路演、联合调研、餐会、电话会、业绩说明会、策略会与网上投资者接待等。就路演本身来说，不同形式的路演适合不同的场合和情境：如果路演对象是核心持仓股东，或者是存在进一步加仓可能性的股东，考虑其私密性和沟通效率，一对一的沟通会有更好的潜在效果。如果对象是仍在观望甚至不知道公司的投资者，需要进一步或更广泛接触，一对多、策略会或者联合调研就变得更重要。在做多地路演时，往往会利用一起吃饭的时间安排一些相关的投资者与公司高管进行接触，但对公司情况并不了解的投资者参加餐会的效果会非常差，因为不能进行全面展示。餐会路演更像是两个已经有信任基础的老朋友在一起聊天，适合熟悉公司的投资者。在反向路演与联合调研的过程中，虽然覆盖面大、沟通效果广泛，但人多嘈杂气氛热闹、干货很少聊不深，大多只是聊一些皮毛与常识，有传播效果但不深入。策略会则是逛街看热闹，尤其是不同券商组织的策略会所来的机构投资者层次各不相同，除了广泛与投资者接触以外，更多的是帮组织策略会的研究员站场。

路演人员也非常有讲究，我们常常看到有意思的现象——各种新三板公司的董事长背着包到北上广深四地搞路演，约见不同的机构投资者，但沟通效果非常不理想，往往是起了个大早赶了个晚集，起早贪黑走了一大圈，核心的问题都没有解决。在路演过程中，董事长出席与董秘出行有着截然不同的位势与效果，路演时点与诉求也各不相同：有些时候，路演与拜访更适合由董秘出场，需要老板亲自登门而仅派董秘则稍显分量不足。这取决于整个资本市场的形势以及公司自身对资本运作的具体安排。有时，联合创始人、公司元老、核心副总裁路演能有效分担上市公司的路演工作量，起到较好的效果，而有时则需要董秘与老板一起出场，由董秘提前暖场做好资本市场调研，董事长完成临门一脚，给予投资者充分的信心。

在路演工作中，一方面很强调双方地位对等，如果董秘出马，对方负责接待的可能是行业研究员，或者是部分基金经理；副董事长出马，对接的一般是基金经理，甚至包括投资总监，最终关键是看整个路演具体希望达到的效果与预期。另一方面，投资者和上市公司的见面往往由卖方研究员或者机构协助安排完成，所对接的买方分析师与卖方分析师的态度非常重要。所谓"里应外合"不是指信息的勾兑，而是指双方能否共同营造一个更好的交流氛围，最终达到更好的交流效果。

路演传播四大核心原则

路演不仅仅是上市公司和投资者的一次简单交流。一次效果好的路演，一定要进行综合性的沟通安排。结合服务 A 股和新三板多家公司的长期经验，我们总结出了路演传播的四大核心原则。

1. 传播规划：系统筹划传播基调与效果

路演传播规划是路演工作重中之重，不能想到一茬做一茬，要经过系统规划，能够有效地、逐步地传递公司的投资价值和投资逻辑，清晰每一次路演需求及可以达到的效果，并且结合资本市场的情况进行动态调整。在做传播规划的过程中，合法合规非常重要，定期报告发布前 30 天作为上市公司的静默期，不宜作为路演的时点。上市公司在定期报告发布后与投资机构惯例性地沟通也会导致上市公司路演的扎堆，影响路演效果。我们建议，上市公司一定要结合自身的经营计划展开市场重点工作，在日常经营工作有重大新进展的节点前后,在合法合规的有效框架内,完成上市公司与资本市场的有效沟通。

2. 时点选择:反弹右侧、板块共振是最优选

上市公司路演时点的选择对市值的影响效果与资本市场环境的情绪有紧密联系。在市场非常不好的时候去路演,获得的反馈和市场印象都不是正向的;在资本市场反弹的时候,整个资本市场的情绪预期有正向的变化,常常出乎意外有好的效果;在整个资本市场进入下跌通道时,上市公司的路演沟通很容易引起投资者负面、抗拒、怀疑甚至挑战的情绪。这就要求上市公司对路演的时点选择和资本市场的水性要有深刻的理解。过去,我们经常遇到一些上市公司在市场大跌反弹最初几天对资本市场展开集中路演,最后它们都成了整个板块整个行业中反弹时投资者首选公司之一。

3. 系统组织:借势造势、借力打力

一次好的路演一定不是一次平叙无味或轻描淡写的传播,一定要找到传播的抓手,一定要从营销的角度形成基于市场的信息爆破点,且由此对整个资本市场关注度形成一个传播焦点。董秘的核心能力之一就是借势造势、借力打力,形成传播效应。在传播过程中,连续动作比单一动作具备更高的市场传播效率,因此,每一次市场传播的动作都要设计,使其前后相互贯通,看似单点实则前后联系。逻辑贯通的传播,能够让资本市场持续地真实感知到一个公司投资价值的确切变化。在持续多轮的传播中,投资者对公司投资价值的认知也会逐步优化——从"知道"到"认知",从"认知"到"认同"。

4. 频次与定位:把握上市公司的分寸感

与资本市场的沟通中,有些董事长长期沉迷于资本运作与市值管理。我

们认为,一家以实业为主的公司,做好主业才是真正的归属,既不能不跟资本市场接触,也不能天天泡在资本市场。我们认为,资本市场形象一定要设计,品牌是上市公司最重要的无形资产之一。上市公司的管理层最重要的职责是让股东有安全感,做好信息披露和透明化的管理,加强与资本市场的沟通效率而不只是路演。

路演与价值传播:让投资者认识公司价值

进行价值传播的过程当中,上市公司可以抓取甚至设计相关事件,展开自选传播动作组合。在这方面,海印股份、新东方的案例都有借鉴价值。

海印股份主营业务之一为主题商场及综合性商业物业开发租赁,在它的价值传播策略中,我们曾建议其邀请分析师到商场现场参观。海印的商场人来人往,商场内的H&M店开业时,因为人实在太多,甚至要有保安管制进场。分析师在现场看到一派火爆的景象,再加上董秘的介绍,便能够对公司产生认同和良性预期。

新东方的案例也与此类似。2005年,新东方上市路演时,直接邀请了华尔街分析师参观公司大堂。华尔街的分析师、投资者来到大堂,看到了一条条十几米的交学费的长队。同时,新东方的接待人员告诉这些分析师,新东方一年365天天天都如此,而且全是"Cash(现金)"!这让来自美国的分析师、投资者们目瞪口呆。这样一个动作就让新东方的价值在投资者心目中得到了认同。

构建二级市场生态,借势造势、借力打力非常重要。新三板投资者关系管理的本质是为上市公司构建一个和谐的二级市场生态,使得这个生态中的每个群体都能将上市公司的信息更加有效地反映在二级市场中。换言之,管理上市公司的投资者关系实质上是管理上市公司的资本生态,通过熟悉、构建合理的二级市场生态并利用生态中的规律指导上市公司的投资者关系管理工作。

一个实操案例

我们曾服务过这样一家上市公司：它在 A 股上市多年，但多元化战略失败。公司痛定思痛，找到我们重新做战略梳理。梳理完成后，我们基于产融互动为公司新一轮的发展完成了战略的顶层设计。与资本市场沟通不是一件一蹴而就的事情，即便战略层面完成了系统性的思考，实用落地也需要一个过程。

这样一家公司的价值传播应该如何开始？其中的一点关键是这家公司并不适合高举高打做市场传播，原因在于这是一家小市值公司，过去多年从未被资本市场关注。

基于这一现状，针对公司实际情况，我们设计了一套行之有效的传播方式，主要针对几个方面做了充分的准备工作：

第一，针对这家公司长期在市场上没有声音，在市场上得不到投资者和研究员的关注，没有投资者资源和研究员资源，结合公司实际经营情况，我们在当年年初，率先在市场上发布了一个业绩预增公告。这是，公司近几年首次在年初发布业绩预增，并且当年业绩大幅预增。

第二，首次发布业绩增长之后，公司启动了第一次联合调研，我们共同邀请了 26 家券商及基金到公司调研，了解公司新一轮的战略方向以及落地进展，这是公司首次面对资本市场宣讲自己的最新战略。通过这一次联合调研，投资者开始用全新的眼光看待公司新一轮的产业机会。

第三，我们对公司所属领域的研究人员进行了梳理和考察，结合对公司状态的把握——公司当时处于相对黑马状态，资本市场对它的预期具有不确

第7章　路演传播：聪明的价值传播

定性，最终，放弃了新财富前三的研究员，而是把在卖方研究员中具备一定影响力但并非新财富的研究员作为这家公司"首次推荐"的主推研究员。

第四，公司进入年报的静默期，我们首次在年报中以正式文件的形式公布了公司对未来几年的战略思考，以及对公司未来几年所处产业的发展趋势及机会的判断。公司通过年报的形式系统地向外界展示了公司的投资价值以及公司在新一轮战略落地上的决心，也首次通过一份靓丽的年报向外界展示了公司未来几年的成长信心。年报一经发布，9家券商纷纷发布深度调研报告以及年报点评报告，研究报告发布的频度直逼过去前几年研究报告数量总和，获得了资本市场的高度关注与认可。

第五，在上述动作为公司赢得了市场上部分投资者关注的基础上，我们又从媒体视角，通过专访报道，向市场传递了公司对未来战略的思考，并对发展方向做了新一轮的解读，还通过生动形象的方式展现了高管团队的魄力和执行力。

第六，4月，公司再一次公布了高质量高速增长的一季报。这时，资本市场开始认为公司正进入一个产业变革背景下的全新增长周期，增长预期以非线性方式发生变化。一季报发布结束后，我们又第一时间组织了针对北上广深四地老股东的路演，针对26家券商及基金进行了统一的拜访，沟通公司最新的业务进展与未来战略的方向，最终，26家券商及基金中大部分选择了继续持有甚至加仓买入。

第七，在日常的价值传播中，我们在以下两个方面针对性地加强了工作：第一，加强对新战略方向下具体业务进展关键性节点的主动公告；第二，将各类策略会和联合调研的工作常态化，让更多的投资者了解公司目前的业务进展与新战略落地情况。

上述动作看似零散，实则是系统规划之后的结果。开始推动前，我们对公司的业务开展、信息公告工作进行了统一规划与安排，对公司不同部门之间的工作进行了协调安排，从而实现了分步骤、有节奏地向投资者系统传递公司投资价值和逻辑的效果，完成了资本市场对公司的价值发现，带动了市值的稳步增长。

> **小知识：全程路演筹备流程的"6个环节"**
>
> 1. 路演材料准备（PPT、QA）
> 2. 路演行程确定：明确行程与时间
> 3. 机构对象筛选：明确意向机构与潜在机构
> 4. 中介协调沟通：三方中介协助与沟通
> 5. 细节接洽联系：接洽、时间、文件、地址、到访等
> 6. 内容沟通与后续跟踪：会中沟通与会后沟通

第 **8** 章

预期管理：上市公司市值波动的最直接因素

预期管理是影响上市公司市值波动的最直接因素，也是上市公司价值传播环节的本职工作之一。其中两个抓手是关键：一是预期差，即市场对公司的预期与公司对自身的预期之间的偏差。上市公司需要依靠对二级市场水性的理解兑现预期差，完成从估值到市值的表现。二是催化剂，即推动公司预期重构的信息或事件，可能是经营性事件、行业政策或者是市场的情绪变化等。预期管理的核心难点在于既不能把预期压得太低又不能把预期拉得过高，一味追求过高或过低的市场预期都会给公司带来潜在的成本。

预期管理的核心原则

资本市场常常讨论到底是什么影响股票的涨跌，有些人认为是业绩，有些人认为是行业，有些人认为就是大盘。其实这些都不全对，真正在微观层面影响一个公司市值涨跌的核心要素其实是资本市场对这家公司成长性的预期，甚至有人说市值管理就是预期管理，是管理公司价值与市场对价值成长的预期之间的关系。那这个预期具体指的是什么呢？主要指的是整个公司业绩的同比增长率，至于市场对同比增长值的预期差异，我们称之为预期差，是影响股价涨跌的最大原因。如果熟悉资本市场的运作规律，就会发现，资本市场真正想要的不是公司好或坏，而是比预想的要好或坏，这才是引发股价变动的最核心动力。

如何管理预期？总体上我们认为核心原则就一条：实际业绩要符合投资者的预期或高于预期。

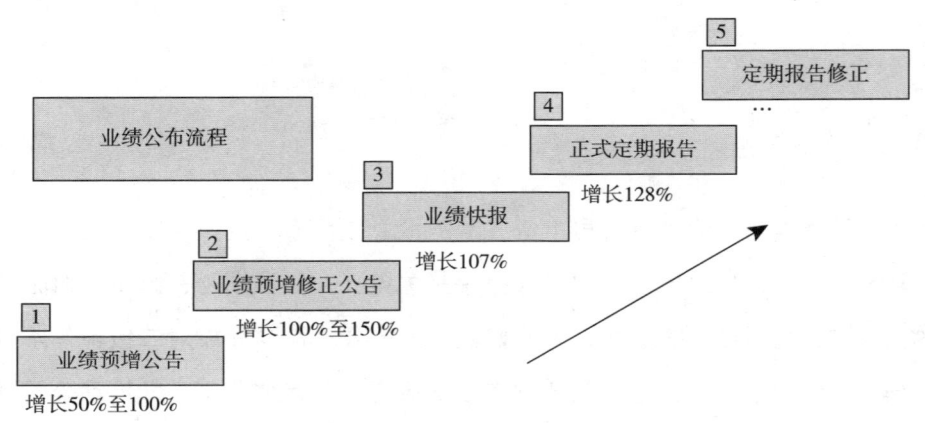

图 8-1 股票的业绩披露管理

2009 年，A 股上曾有一只水泥股票，市场认为公司全年业绩增长大概在 70% 到 80% 区间，但是公布全年业绩预告时，预告增速是 100%，大幅超越资本市场投资者对公司之前的业绩预期，市场上立即引发了一轮相当可观的涨幅。一个月之后，公司公告全年业绩增长 128%，再次超出市场预期，又引发了新一轮的股票上涨。为什么一个公告分两次发能够引发两次市场涨幅？核心原因是这个公司的业绩披露持续地高于市场预期，在预期公告过程中不断修正整个市场对它的预期差，这就是预期差管理。

企业实际的成长符合投资者的预期或者高于投资者的预期，就会产生两个核心命题：第一个核心命题是管理好企业自身的成长性；第二个核心命题是管理好市场的预期。管理好自身成长性的命题我们在前面的章节已经介绍过，主要是由产业、战略、业绩等方面决定，在预期中体现为能够实现多少确定性的成长。第二个命题是在确定自身成长性高低的标准下管理好、沟通好市场预期和实际成长之间的差异。

第8章 预期管理：上市公司市值波动的最直接因素

资本市场预期潜规则

资本市场有自身的规则和规律，我们应该熟悉资本市场上关于预期的一些潜规则。

对成长股的预期：熊市3个30+%，牛市3个50+%

在资本市场上，我们往往会把一只股票定义为成长股或非成长股。从资本市场预期的角度来说，在熊市，公司能连续增长3年、净利润增幅超过30%，其股票就可以定义为成长型股票，但在牛市，公司净利润增速3年复合增长率超过50%，其股票才能被定义成成长股。不同资本市场环境下，投资者对业绩增速的预期存在变化空间：市场环境变好，对成长性个股的要求预期也会变大；市场环境不好，所有公司业绩都不行时，资本市场对个股业绩增速的预期也会相应下调。这些预期的变化实际上没有刚性或清晰指标进行界定，但能带来业绩弹性变化。

PEG——熊市给0.8倍，平衡市给1倍，牛市1.4倍，疯狂市若干倍

PEG估值法是投资大师彼得·林奇发明的一种估值方法，主要是通过上市公司的市盈率和净利润增长率之间的关系来判断。一个公司被高估或者被低估，核心的逻辑是如何通过一个参数来反映。市盈率与净利润增长率的比率，反映公司估值如何通过剔除成长而导致市盈率过高的问题，或者说是通过剔除业绩高增长对市盈率的反映而判断它是否被高估或者被低估。参数的主要公式是 $PEG = PE/G \times 100$，PE主要指的是一个上市公司的静态市盈率，G主要指的公司净利润的同比增速，两者相除再乘以100会得到一个以1为中枢的数值，这就是我们所说的PEG值。在不同的资本市场环境下，资本市场对公司股票相对估值平衡的中枢也存在不同预期。比如，熊市环境下PEG等于0.6~0.8基本是平衡的状态，高于0.8一定程度上可以认为公司估值是阶段性高估。当资本市场进入牛市环境后,往往 0.8 的 PEG 值又被认为是被低估的状态。牛市环境中,PEG 值可以达到 1.2~1.5 甚至更高水平,甚至估值到一定边界完全跟业绩增长率没有关系。一定程度上,PEG 的变化也反映资本市场的预期变化的逻辑与规则。

业绩预测潜规则:公司给的业绩打八折

资本市场估值中最看重的一个核心指标是当年业绩的增长,因为投资的是公司未来的价值,而未来价值的核心指标是公司未来的净利润增长率。公司估值中反映的价值,一定程度上在于未来要实现的利润会高于已经实现的利润。当上市公司跟资本市场投资者沟通未来的公司价值应该值多少钱时,往往更关注公司未来能实现的潜在利润增长率。因为未来是不确定的,有些上市公司会逐步透支未来可能的业绩成长空间,从而让资本市场给自身更高估值。因为这样的现象越来越多,资本市场中逐渐形成了这样的预期规则:上市公司给的未来业绩,如果不能经过细致的论证与证伪,投资者心里可能会直接给上市公司给出的业绩打八折。这也是资本市场常见的一种预期逻辑,即对上市公司给出的业绩打一定折扣以获取一定的确定性。

业绩透明有安全感,有安全感可给高估值,但过于透明则预期无弹性

当上市公司真正受到关注时,资本市场往往会通过各种分析预测和调研判断公司未来的潜在增长空间,公司开始被资本市场赋予各种财务模型和各种增长预测,但是,一旦公司的增长过于透明、可被预测,公司估值弹性将变得非常差。这也是资本市场的一个预期规则:公司的业绩透明会带来一定的安全性,但透明过度又会导致未来想象空间和超预期的可能性大大降低,反而影响上市公司的估值空间。

季度业绩释放对预期的影响

上市公司每年四个季度均有业绩公布,新三板公司每年至少公布两次业绩,到底哪个季度的业绩最重要呢?总体来看,四季度在全年业绩占比中被

第8章 预期管理：上市公司市值波动的最直接因素

资本市场关注的关注度最小，尤其加上季度性影响，在全年业绩占比中可能不足四分之一。为什么四季度业绩也不重要呢？按常理来说，四季度是全年正式的业绩公告，但是从国内目前 A 股与新三板的信息披露规则来看，全年业绩公布一般是由年报公布，而年报的信息披露规则是规定全年结束之后、120 天之内公布年度报告，最终导致真正公布全年报告的时候，公司的业绩与公布时点基本已经是在第二年的一季度末，公司市值波动其实已经进入到下一个年度的估值体系中，四季度的业绩已经潜在体现在第一年的股价中，对股价的作用不大，所以我们认为二、三季度的业绩指标会比一、四季度更加关键。其中，二季度的权重会显著高于一季度，作为半年业绩的佐证，二季度的业绩乘以 2～2.5 即可大致估算出全年业绩，所以，半年报是全年第一份比较重要的正式报告。而三季度已经是全年 75% 的进度，一般重大订单、重大项目基本都已经出现在可预期范围内，所以三季度的具体数据对全年业绩预测起着决定性的预期影响作用，同时它是全年之内最后一份正式报告，三季度的业绩就变得非常重要。外加三季度本身是一个业绩地雷的高发期，同时又是券商研究员的新财富评选的时间窗口。多重时间窗口叠加在一起，资本市场对三季度业绩往往会更加关注。

以上说的都是资本市场中常见但是又不容易被关注到的预期管理细节，如果掌握得好，对整个上市公司的投资者关系管理以及整个资本市场的运行规则会有更多的理解。这也是董秘必须要具备的素质之一，在长期研究中，我们发现，有些上市公司在整个预期管理上表现得淋漓尽致。

举个例子，有家公司对非经常性损益的处理就非常具备技巧。

B 公司主营业务是 IT 服务，在 2011 年到 2014 年之间，因为下游行业的整体增速放缓，导致其所在的整个 IT 行业增速都整体放缓，但这家公司每年都会通过理财产品、股票投资、地产业务实现非经常性损益利润调节，使得公司净利润同比增速在 -20%～20% 范围内波动，进而调节公司业绩释放水平。同时，通过非经常性损益的支持，使得公司整体自然增长率从15%逐步平滑至扣除非经常性损益之前的净利润总增长15%至30%。2011年至2014年，资本市场处于弱平衡市，复合增长率30%已经相当不错。通过财务技巧，一家自然增长率15%的公司摇身一变，成了资本市场中眼中的"成长股"。实际上，从财务角度看，非经常性损益并不能作为主营业务体现，从资本市场角度看，有时投资者会扣除非经常性损益进行控制，但是当市场环境好转，非经常性损益容易被当作每股盈利的组成部分，从而实现了整体市值的放大。

预期管理的打法与策略

了解上述关于资本市场的预期规则和规律之后，会发现预期管理其实只有两种打法的组合：第一种打法是"有一说二打一"。比如，一个公司只有30%的增长，但是在沟通过程中让市场认为公司有50%的预期增长，最后业绩兑现时只有30%。这种打法过程好但结果不好，最终在业绩兑现时，市值会因为预期兑现而实现回归。第二种打法则是"有二说一打二"，比如，公司有50%的增长，但与资本市场沟通的过程中，被市场认为只有30%的增长，最后业绩兑现时是50%的增长，业绩被资本市场认可从而实现了市值的向上回归。这种预期管理结果好但是过程不好，整个预期管理过程都是压低整个资本市场预期以达到超出预期。

总体来看，预期管理吸引两类投资者：第一类是相信运气的投资者。当一个上市公司对资本市场说了一个投资故事，一些感性思维的投资者会因故事不错而下单，为一个理想或者一个故事进行投资。还有一类投资者更相信事实，相对来说，他们比较理性，需要上市公司业绩事实得到佐证。当一个上市公司最终兑现曾说过的投资故事业绩时，这类投资者会因此买入公司股票。预期管理无非是针对这两类投资者进行管理和沟通，最终实现公司市值

第8章 预期管理：上市公司市值波动的最直接因素

的逐步成长。回顾整个预期管理逻辑，其实就是形成预期管理的闭环：当上市公司对资本市场提出一套战略、一套未来的理想以及一个未来的成长故事时，有认同这套预期的投资者支持这家公司，股价就会实现一轮上涨，市值形成一轮提升。而在这样一轮预期支撑、公司市值成长的过程中，一旦公司能够将已有的预期兑现，坐实资本市场对它的预期，又会吸引新一轮的投资者抱着预期完成对公司的价值认同，进一步推动公司市值的成长。完成两轮成长之后，整个资本市场又会因为上市公司持续的战略成长而衍生出新的资本市场预期，而这又会吸引新一轮的相信预期的投资者持续支持公司的成长，投资公司或者买入其股票。这样就形成了一个循环———一个关于预期管理的循环，我们把这个循环叫做预期实现。同样的道理，当一个预期被破坏，当公司的资本市场故事没有实现，股价的下跌同样符合第一次实现的逻辑循环。

所以预期管理的本质仍然是基于整个预期可以实现，或者说预期的可实现是支撑长期预期管理的核心基础。没有基本面的预期管理，公司变成了资本市场的忽悠者，持续不能完成资本市场的预期，不能兑现曾经给过的承诺，最终公司的资本市场口碑与形象就会大打折扣，甚至影响未来的资本运作。我们常常看到，A股存在大量的喜欢讲故事的公司，甚至为了持续圈钱不断推出一个又一个新的投资逻辑，但是最终会发现，这些不可持续、不可兑现的承诺最终都会使得股票价格向价值回归。尤其是在目前已实行注册制的新三板资本市场，因供给限制放开，公司的口碑变得空前重要，资本市场投资者用脚投票变成了资本市场唯一的游戏规则。公司如果只会讲故事、只会圈投资者的钱，将会变得没有生命力，进而被其他公司所替代，因为注册制是对忽悠者最好的"杀虫剂"。

第 9 章

虚实结合:"把自己炼进剑里"

投资是一门科学，也是一门艺术，其科学性在于对行业、企业价值的判断，有工具、有方法论；其艺术性则在于投资者可以为企业家的"执着、愿景、企业家精神"买单。

关于企业家精神

持续追踪一家企业的成长，就会发现，企业家精神和特质决定了整个企业成长的战略选择、路径、格局。企业是企业家的第二人格，不难理解，为什么企业家的情怀、精神可以左右投资者的决策，为什么资本市场愿意为企业家梦想、企业家精神买单。那么，什么是企业家精神？我们曾接触过一位上市公司的董事长，他是公司创始人，30多岁带着公司成为当地最早的一批上市公司，拥有几亿身家。他身上的几点品质充分诠释了企业家精神：

1. 极其勤奋。公司做 B2B 业务，自创业以来，董事长 17 年如一日地拜访了自己的所有客户。

2. 智商超高。80 年代中期毕业于清华大学，理工男。

3. 身体极好。喜欢踢球并长期坚持，身体健壮，走起路来健步如飞，常说能坚持运动是强执行力和良好自我管理的体现。

4. 追求完美。工作风格强势，执行力强，从不放过细节，追求完美。在路演过程中，还坚持在紧张的安排间隙打电话、发邮件叮嘱重大项目的合同进展。

5. 气场极强。极富自信、在路演过程中，可以丝毫不依靠董秘和中介机构，一个人控制住全场；业务技能强大，17年间，让公司的业务从红海市场脱颖而出，一路走到寡头垄断，最终实现国内领先，但总体风格稳重，技术理性有余。

我们曾陪同这位董事长进行路演，整个过程中，他的风格给投资者留下了极其深刻的印象，甚至有投资者给出了这样的评价——如果公司要拓展新市场，让董事长负责一定没问题。

当一家上市公司的董事长在资本市场中拥有了自己的投资者粉丝时，公司的资本市场资源就会源源不断，对股价产生正面效应。比如，当投资者因市场等各种因素被迫减仓时，如果认同这个企业家，就愿意留下最后的底仓作支持。这些底仓对投资者个人的净值影响可能并不大，但如果出现几个甚至几十个这样的投资者，公司的股价就能在下挫一定阶段后止跌，先于市场筑底。有时候投资者真的愿意用风险可控的筹码支持企业家的理想。

说到企业家精神，不得不提乐视。这是一家值得尊敬的公司，贾跃亭身上的气质和呈现出的基因，正是当下中国企业家所需要的精神。贾跃亭一直说："要蒙眼狂奔，闭上眼睛一路往前跑"。在跑的过程中，会发现各种机会，也会遇到很多困难和挑战，而在不断解决问题、突破障碍的过程中，企业家就能把不可能变成可能。这种劲头看似不着边际、有些虚幻，但这样的情怀和开拓性却决定事业的成败。在中国目前的商业环境下，这种奋勇直前的企业家着实令人敬佩。企业家能够在某个时点悟到自身的使命格局，同时又有冒险精神、挑战精神，难能可贵，对整个中国企业界来说也是一笔宝贵的财富。

企业家们拥有众多的财富，也是最辛苦的人群之一，为了企业的发展，为了事业的蓬勃，他们放弃自己的兴趣爱好，放弃陪伴家人的时间，甚至放弃自己的身体健康，一心扑在事业上。为了使企业能够像孩子一样茁壮成长，财富只是回报之一，对于他们来说，这还是他们实现自我价值的一种方式。有人曾说，推动现代人类社会进步的最大动力群体就是企业家人群，企业家素质是社会进步的重要组成力量。只是天然具备企业家素质的人在人群中占比极少数。

投资是右脑的艺术

早期投资一家企业，对人的判断往往比对业务的判断重要很多。对成熟期企业的投资，虽然要做深入分析，有科学的依据，但对企业家本身的判断仍是投资决策的最大影响因素。正因此，投资界才流行这样一种说法——"投资是人生的最后一份职业"，投资者只有积累了足够的行业经验、社会阅历，才能够真正把握投资本质。

所以，投资是一门艺术——一门关于右脑的艺术。人的右脑是情感区域，包孕着一个人最本能的心智模式，它决定了企业家的专注、执着、血性胆量以及梦想。成熟的投资者往往倾向于投资那些专注于产业、"把自己炼进剑里"的企业家与企业。虽然企业家气质不能直接决定公司当下的利润，但当投资成为一门艺术时，企业家是企业最终发展好坏的决定性因素。

有句话说，"生活不只是苟且，还有诗和远方"，同样的道理，资本市场不只是博弈，还有情怀和理想。我曾经碰到过一个投资人，他投资了一个项目，投资理由很简单，只是因为他特别看重这个企业老板个人的未来。这个投资人认为：一个如此努力工作、价值观正派、处在朝阳行业、集资源与机会于一身的企业家，没有理由不成功。这个投资人还说，看着企业家为这个行业如此付出，真的忍不住想帮他一把，一起为他的梦想做点什么。

投资者对企业家：主要看气质

做金融的大都是高素质的人，往往阅人无数，对事情和人有非凡的洞察力。投资者对企业家也有严格苛刻的要求，最看重的就是企业家素质。马云的天马行空、马化腾的温文尔雅、王健林的大气磅礴，每个人的风格各有不同，但本质上都是回答一个问题：企业家是否拥有和这个行业相匹配的素质，是否能将这家企业带到更高的事业高度。

我曾经碰到这样一家上市公司：它是当地上市最早的一家公司，由几个伙伴创业，在20世纪90年代末就获得了事业的初步成功，几个人身家相加超过10亿元。企业文化一直温和友善，企业带头人常常扮演企业大家长角色。这家公司成了多家上市公司中共同创业以来持续时间最长的公司。

上市之后，几个创业伙伴中，时任公司董事长的带头者已经50多岁，他认为公司已经完成了阶段性的事业梦想，最重要的是继续维护好几个人的兄弟情谊，守业变成了他们事业中更重要的部分。如何做好精细化管理、如何经营好企业文化变成了比寻找下一轮产业机会更重要的使命。在这样一个过程中，几位创始合伙人各自的事业发展与公司主营业务开始产生了偏离。最终，为了不散伙，企业允许各合伙人根据兴趣和优势在各自擅长的领域中做非相关多元化的业务。

在整个大产业升级背景下，公司转型困难，接连错过互联网、电子商务的产业机会，经过多年发展，相关多元化收效甚微，主营业务变成1+N业务结构，有一块主业，但是N块子业务都没有成长起来。最终公司上市10年，市值长期横盘，涨幅远落后于大盘指数，成了一家被市场遗忘的公司。

直到公司成立15周年之际，老董事长因为身体问题卸任，公司选举出了新一届董事会成员，前总经理任职新董事长。新董事长年富力强、雄心勃勃，有血性，有事业心，既认可上一任董事长对公司整体的贡献，又认为公司正

第9章 虚实结合:"把自己炼进剑里"

处在新一轮变革和起飞的拐点,需要整肃心态、二次创业,提出"要把公司带到新一轮的高度上再退休"的豪言壮语。这位董事长上任之后,进行了一系列大刀阔斧的改革——修订公司战略方向,剥离低效率、低收益的资产;重新扫描整个产业机会,结合内生式和外延式的方式,持续并购打开公司跨越式发展的空间,优化股东结构引入具备产业资源的战略投资者,对公司下一轮发展做出了关键性布局。就在这样一系列新战略方向的落地和执行过程中,这家公司逐渐回到了资本市场的主流中,甚至变成了细分板块上的龙头公司。

总结这家公司的市值表现,可以总结出1000个理由,但是追本溯源,会发现,根本性的变化来自企业家的转换,因为企业家思维方式和赌性的变化,带来了整个公司跨越式的发展变化,引起利润的变化,从而获得越来越多的投资者认同,并最终体现为市值的成长。

纵观任何企业的成长,会发现,它的归宿或成败,多或少、直接或间接都能归因到企业家这个要素上,而企业家的素质与情怀,又决定了这个企业能够走到的高度,所以要真正做好一家企业与资本市场的沟通,除了要有逻辑严谨数据完备的投资逻辑和投资故事以外,更需要企业家本身对这件事情执着与付出。

所以像干将、莫邪一样"把自己炼进剑里",并不只是口若悬河、滔滔不绝,能够用上好的口才说服投资者公司的价值是什么,而是真的能完全践行自己的商业梦想,完成自己的商业实践,让投资者跟自己一起做一个事业的梦想,让投资者为企业的成长买单。

第 **10** 章

组织队伍：让专业的人专业地做事

建立日常工作机制，发育组织系统功能，是组织队伍建设的重要一环。

投资者关系管理落实到日常工作中，是极为繁杂而琐碎的，如为路演准备相应的沟通材料，深入推进定期报告的撰写，以及持续、批量进行保证沟通质量的投资者调研接待等。因此，建立新三板公司董办，工作专业化，建立长效工作机制，推动组织建设与能力复制，是处理好投资者关系管理工作的核心关键所在。

重点在于建立长效工作机制

公司做市值管理，绝不是董秘一个人在忙活，需要一个团队，并且要发育团队的组织功能。很多日常性的事务，比如PPT、Q&A、季报、年报等准备工作，投资者接待、定期的路演沟通（包括一对一、一对多的反向路演），建立投资者数据库，以及其他投资者关系维护工作等，核心是建立董办专业化的长效工作机制。有些投资者关系做得不好的公司，尤其是融资的时候，基本上都是董事长一个人拎包在外面到处跑，董秘、证券代表却在公司基本没什么事。

而在整个董办团队的组织队伍规模层面，我们发现了一个非常有意思的现象，董办职能的完善程度与市值高低的显性关系。

一家市值不到50亿元人民币的上市公司，基本可以发现，它多数的董办工作以及投资者关系工作都是由董秘和证券代表完成,董办团队只有两三个人,以被动管理为主要方式。随着公司市值适时地逐步上涨,公司在市场上的关注度逐步提高,整个董办工作以及资本运作工作的压力开始凸显,两三个人的团队往往疲于应付。当公司进一步受到投资者关注,交易量持续放大,公司市值进一步提高,必须要一个专业化的董办团队,形成以专业化岗位和职责分工的组织模式,以处理媒体关系、投资者关系、融资事务、投资事务、战略研究等各项董办事务。当公司在市场上交易进一步活跃,甚至升级为白马股的时候,公司的成长方式也面临升级与变革,从传统的产品经营升级为资本经营,整个董办团队不但是承担日常对接资本市场的关键部门,更应该作为整个公司资本经营的核心职能团队,要形成一个以专业化模板职能为小团队分工的职业董秘团队,这样的董办团队,实操能力不亚于一个小型私人投资银行。

从经验角度来看,一个成熟董办,随着公司市值体量规模、股权吞吐规模及资本资源的放大,需要不断提升自身的组织化能力,永远不能只是董秘一个人在战斗。

表10-1 董办职能完善程度与市值高低关系

市值规模（元）	董办工作压力状况	董事会办公室结构
50亿以下	多数的投资者关系工作由董秘和证券代表完成	二三个人,以被动管理为主
50亿~100亿	投资者关系管理的负担和压力开始逐步体现	三五个人,常常疲于应付
100亿~300亿	以白马股为主,投资者关注度显著提高	基本形成专职岗位的分工,专人或小团队负责投资者关系
300亿以上	明星股票,市场关注度极高	基本形成多模块、专人负责的组织化运作

我们认为,一个成熟的董办,应是一个公司资本经营的核心职能部门,它的组织架构与职能划分,应该覆盖证券事务、公司合规、投资并购、融资

规划、市值管理、4R 关系管理、股权吞吐、股东财富管理、产业战略研究等职能。对于各大董办来说，只有完善的组织架构与职能分工，才能完成整个公司资本经营的顶层调度与实操落地。

从这个角度，我们建议董办建立以下日常的管理工作机制：

1. 定期例会制度：定期复盘资本市场情况，大势环境，加强资本市场规则认识，熟悉资本市场水性。

2. 公司合规：学习、掌握证监会、交易所、股权系统定期及不定期发布的最新的监管精神、管理规则、规章制度、最新的违规案例等。

3. 投资并购及融资：研究 A 股市场、新三板市场、一级市场中发生的最新的并购案例、投资案例，融资案例等，了解产业中最新发生的资本事件、融资及并购案例的交易结构。

4. 4R 关系管理：了解掌握板块内、行业内及相关投资主题的主流投资机构，研究近期投资机构的动态、相关投资案例以及投资风格，同时累积每次 4R 关系过程中相关的媒体数据研究员数据、投资机构数据，形成数据库。

5. 股权吞吐及股东财富管理：研究 A 股市场、新三板市场、一级市场中最新的股权吞吐的动向、案例及规则，掌握最新的股东财富管理趋势、工具及产品。

6. 产业战略研究：研究行业内最新的政策、趋势、方向、事件等，定期及不定期对产业内发展趋势、细分行业机会、竞争对手策略进行分析及复盘。

强力董办具备的三方面素质

一个能够完成上市公司资本运作的强力董办，应当具备三个方面的素质：第一，具备日常的工作能力，尤其是组织工作的能力；第二，完成董办清晰考核的指标；第三，具备资本运作层面完整的组织职能。

第一个维度，董办日常工作应当包括以下几项：常态性的工作包括日常的证券事务和"三会"工作，日常路演材料的定期更新与升级，公告的定期发布以及季报、半年报和年报的发布，同时也包括持续性的、能力可复制的、成批量的投资者接待流程以及日常沟通机制与4R等中介数据库的建立。此外，日常工作还包括每日监测、每周回顾、月度分析、季度诊断、媒体监测、研究员分析、股东分析、投资者数据库、媒体数据库、研究员数据库、市值诊断分析以及资本市场走势研判等。

第二个维度是关于董办尤其是董秘的考核。很多公司都会碰到这些问题：第一，不知道去哪里找董秘；第二，招来了董秘不知道怎么培养；第三，董秘培养完成后不知道怎么考核。在董秘考核问题上核心要看两个方面：短期来看，是考核围绕董秘日常工作相关的4R关系、路演节奏与频度、信息披露质量及其主动性，以及整个具体并购工作开展进度及管理，重点考核董秘日常的工作跟市场沟通的频度、质量以及深度，并考核其在资本维度是否能够助推公司的成长。长期来看，主要以两年为周期考核公司两年内的平均相对估值，可对比公司相对估值、板块相对估值，公司整体的再融资量与增减持情况以及并购与投资的浮盈等。从这个维度来看，以董秘为核心的董办本质是一个经营性部门和营利性部门，而非传统意义上所理解的非经营性部门。

优秀的董办给公司带来的利润贡献和战略价值绝不亚于一家小型私人投资银行。可以说，董秘是从资本维度帮助企业完善成长。销售总监帮助企业销售产品，董秘则更多的是在资本市场销售企业价值，助力市值增长，其知识结构、能力结构以及资源结构更多体现出一个投行家的属性。传统的讲究成本计价方式的生产经营和产品思维很难培育投行家基因。这又衍生出新的管理命题，即上市公司的董办和经营部门往往不是同一种文化管理：董秘相对是一种精英文化，强调更长周期下的投资收益比，多数时候不同于以生产经营为主的公司文化。马云曾经说过，蔡崇信对他的帮助远超过其他人，而负责财务与资本运作的蔡崇信拥有的投行基因并非从阿里巴巴内部发育出来。这样的人必须从外部获得,如果能够与公司价值观一致,和公司能力互补、基因互补,获取的时间越早越好。

纵观现在的整个新三板市场,绝大多数董事长都缺乏一个资本合伙人,而这个资本合伙人在职位上看就是董秘。董秘是公司"二把手",这是由位置职能所决定的,也是由整个公司的成长方式决定的。

董办就是上市公司的私人投资银行

在大量的实践过程中,我们发现一个很有意思的现象,同样是上市公司或者新三板公司的董办,有些只有两个人,而有些公司却有十几个人。表面上看,他们完成的都是资本市场的对接工作,而实质上,有些公司仍停留在生产思维和费用思维上,有些公司却能够真正站在产业维度和资本维度看待董办价值。

真正成熟的董办应该完成上市公司五大职能工作:产业研究、融资筹划、投资并购、证券事务(含信息披露、"三会"管理等)以及投资者关系管理(含4R关系管理、做市商和中介关系管理)。整个董办的长期组织架构和职能设计都应该围绕这五大模块,以整个公司的资本经营负责人(董秘角色)为核心进行能力发展和人才配置。

董秘常常有这样的疑问:上述五大核心职能模块里相对合格的负责人都需要具备什么样的素质?这个问题很难有统一标准,但每一个模块相对应的核心素质和要求都不太一样:产业研究负责人要求有较好的产业思维,有宏观的思维逻辑以及较强的研究能力;融资筹划负责人需要有较强的投行能力,有较好的资本市场判断能力以及资本市场资源;投资并购负责人更加强调投资逻辑判断力以及工作经验;证券事务负责人要求细心且有责任心,以及有相应的法务知识；投资者关系负责人需要具备较好的沟通能力和较高的情商，能够处理好各种关系并妥善对接各种资源。

我曾经有一个客户，是一家医药行业的上市公司，上市后市值200亿元，两年时间里整个董办团队从两个人发展至十个人，从赛诺菲巴斯德招聘了两名产业研究人员，从国内一线医药基金招聘了一名投资总监，从咨询机构挖来了业务合伙人负责外部投资者关系管理，公司联合创始人之一作为董秘从中调度管理协调。同时，这个公司周边聚集了一批顶级投行与咨询机构为其出谋划策、贡献资源，公司上市三四年累计融资超过80亿元，为整个公司加速跨越式布局奠定了充分的基础。

每一个模块要求的工作流程与细节都不太一样，对每个人的素质要求也不尽相同，但董办应该是一个能力互补、相互协作的团队。

第 **11** 章

合法合规

2015年11月16日，新三板发生了这样的一个小插曲：

深圳证监局发布《中科招商投资管理集团股份有限公司关于收到中国证券监督管理委员会深圳监管局行政监管措施决定书的公告》，公司因多项信披违规，被责令整改。内容如下：第一，2015年5月20日，深圳证监局对中科招商子公司中科汇通涉嫌信息披露违法行为进行立案调查，5月26日，向中科汇通送达了调查通知书。检查发现，公司未在中国证监会指定的信息披露平台对中科汇通被深圳证监局立案稽查事项进行信息披露。第二，中科招商于9月9日在全国股转系统信息披露平台发布公告，并首次披露再融资300亿元的计划，但是实际上，中科招商董事长单祥双之后接受媒体采访表示，中科招商将使用300亿元募集资金进行并购，包括对上市公司的并购，打造50家市值在千亿级的上市公司。上述募资投向未在9月9日公告中披露。第三，9月，媒体报道，中科招商董事长表示，中科招商在未来5年内将拿出100亿元来支持旗下互联网创业平台——中科乐创平台的创业项目。而针对上述媒体报道，中科招商并未发布公告予以澄清。第四，10月10日，中科招商董事会审议通过公司全资子公司拟以4000万美元收购天使汇有限责任公司（AngelList LLC）9.9%股权的议案，中科招商于10月13日在全国股转系统信息披露平台对上述事项进行了披露。但公司董事吴碧瑄于9月底接受媒体采访，宣布中科招商将投资数亿美元与天使汇共同打造"硅谷直通车"。10月12日，有关中科招商将斥资4亿美元投资天使汇的信息已被媒体大量报道。中科招商在媒体上发布信息的时间早于在证监会指定信息披露平台披露的时间，且媒体报道的投资金额与公司公告中的收购金额存在较大差异，中科招商未对媒体报道中的误导性陈述予以澄清。

中科招商是国内顶级的PE投资机构，应该是国内最懂资本市场资本运作的一批专业人士，但是就在这样的环境里，一批专业人士在信息披露工作上仍然犯下了相应的低级错误。由此可见，一方面大量专业人员对基础的法律法规的常识并不完全知情，另一方面，新三板目前整个合法合规的监管越来越严。

新三板监管关键三条红线

法律法规是任何一家上市公司都不能触碰的监管红线，上市公司必须做到合法合规，尤其是在监管政策频出、监管趋严的新生环境中。

新三板监管演进进程可分为以下三个阶段：

第一阶段：2014年下半年及以前。在这个阶段，挂牌前监管是核心。

第二阶段：2015年至2016年。这段时间的监管核心是挂牌后企业的规范性，主要包括信息披露、资金占用、关联交易等方面的合规性监管。

第三阶段：2016年至2017年。在这段时间，交易规范会成为监管重点。

在未来很长一段时间，新三板上市公司的合规性成本会持续提高，新三板公司的董秘、董事长必须充分重视公司合法合规性的重要性，意识到违规的严重性。

目前，新三板监管体系尚未完全完善，但其监管趋势与A股将有很大相似性。从A股的经验看，在交易层面，合法合规红线关键有以下三条：第一条，虚假披露；第二条，市场操纵；第三条，内幕交易。

第一条红线：虚假披露

虚假披露主要有两个方面：第一方面，上市公司本身的合规性信息含虚假信息；第二方面，也是最常见的，很多上市公司会披露一些模棱两可、或有或无的所谓"经营进展"类信息，向二级市场潜在热点靠拢，以引发股价的上行波动。这是信息披露中虚假披露的高发地带。

第二条红线：市场操纵

市场操纵主要指个人或机构以获取利益或减少损失为目的，利用资金优势或信息优势影响资本市场引发价格波动的行为。比如上市公司相关利益方通过资金流向影响股价。A 股每年都有大量因虚假操纵而被证监会处罚的案例，包括一度在股灾之后独领风骚的特力 A。对于新三板市场操纵市场的监管，监管层同样没有手软。

第三条红线：内幕交易

内幕交易是上市公司高管违法违规类型中发生频率最高的，尤其是在重组并购盛行的 A 股市场。重组并购能带来股价巨大涨幅，大量上市高管对个中利益蠢蠢欲动，有些会曲线绕道数个账号完成内幕交易。

大数据技术让监管手段日趋完善，在这样的背景下，合法合规成了上市公司在资本市场中存活发展的生命线。作为公众公司，若不能在公司治理、合法合规上让股东具备安全感，其资本溢价率一定程度上会大打折扣。

新三板市场短期挂牌数量急剧增多，挂牌门槛、规范要求显著低于主板市场，这就为公司上市之后的规范性带来了巨大挑战。目前，新三板公司存在着大量的资金占用、关联交易现象，甚至包括股东的或有债务及相关诉讼事项，这些都会对公众公司在资本市场的品牌形象造成极大负面影响，甚至一定程度上影响新三板未来的可持续发展。而这也是新三板目前大力抓合规性、加强整治的原因。

特别值得一提的是，目前仍有上市公司天真地认为，通过曲线绕道找资金，推动盘面价格大幅上涨，就能使投资者认可公司，实现所谓"市值管理"。但实际上，在新三板市场，当价格脱离价值一路上涨时，所有投资者最终都会把股票卖给上市公司找到的资金方，资金方将最终成为接盘者。以注册制为主的新三板是一个开放式的交易市场，市场化行为很难通过非市场化的利益结构完成绑定，最终决定价格的是预期，而不是超脱于法律框架外的利益结构。因此，新三板挂牌公司一定要学会敬畏市场、敬畏投资者、敬畏法律法规，千万不要因为股价或市值上的小利益而自作聪明钻空子，最终毁掉前程。

新三板违规案例面面观

新三板的每日公告中，违规案例不可谓不多，一般而言，信息披露、资金占用问题最为普遍，操纵股价、内幕交易现象偶有发生。"以人为镜，可明得失"，接下来看几个新三板典型违规案例。

信息披露

2014年，新三板出现了一只违规重灾股——中试电力。全国股转系统通报称，该股在股票发行、公司治理、信息披露等多方面存在违规，根据相关规定，股转系统对该公司及其控股股东、实际控制人、董事长兼总经理操立军进行了通报批评，并记入了证券期货市场诚信档案数据库。

中试电力到底有哪些违规？主要有如下几点：

1. 股票发行完毕后逾期备案；

2. 公司审议股票发行的股东大会通知时间距股东大会召开日不满十五日，违反了全国股转系统相关业务规则及该公司章程；

3. 违规向非关联方个人提供借款，违规贷款；

4. 信息披露不及时：2013年11月，中试电力与武汉东湖新技术开发区生产力促进中心和国家开发银行股份有限公司签订1800万元的流动资金借款合同，未按照公司章程的规定提交股东大会审议，且未在发生时及时履行信息披露义务；此外，公司还未及时披露与汉口银行股份有限公司和天津国恒铁路控股股份有限公司之间存在的票据追索权纠纷。

除披露不完整、不及时，虚假披露在信披违规中也较常见。2015年11月6日，证监会披露数起新三板虚假披露事件，其中包括某农装公司应收账款坏账准备计提不充分，导致2013年年报、2014年半年报中利润总额分别多计1716.33万元、2644.81万元；该农装公司的全资子公司存货减值准备计提不充分，导致2014年年报利润总额多计1383.89万元；该农装公司未充分披露其与某财务公司之间发生的关联存、贷款业务的相关信息，上述问题导致该农装公司2013年年报、2014年半年报及年报中存在虚假陈述。证监会拟决定，责令该农装公司改正，给予警告，并处以40万元罚款，对13名责任人员分别给予警告，对4名责任人员处以3万元至5万元不等的罚款。某科技公司2014年年报中存在虚假陈述，包括少计收入356.57万元，少计利润306.04万元，主要客户披露不真实等信息披露违法违规问题。证监会拟决定，责令该公司改正，给予警告，并处以30万元罚款，对2名责任人员分别给予警告，并分别处以3万元和5万元罚款。

资金占用

大股东或实际控制人占用公众公司资金，会有损其他中小股东利益，是监管层重点监管行为，也是新三板最常见的违规之一。例如，2016年4月13日，中天利收到江苏证监局《关于对扬州中天利新材料股份有限公司采取出具警示函措施的决定》，主要原因有两个，首当其冲是资金占用，其次是信息披露问题：（1）2015年公司实际控制人陈琦以资金拆借方式占用公司资金2019.22万元；实际控制人控制公司以资金拆借方式占用公司资金433.32万元。（2）公司2014年年报、2015年半年报中关联交易部分披露不准确。公司高纯砷生产线2015年8月起停产，但未将该重大事项主动告知主办券商，未真实、准确、完整、及时进行信息披露。

股价操纵

目前，新三板有协议成交与做市成交两种方式，其中协议成交属非连续性定价机制，而做市成交的流动性也不强，同样具备非连续性定价属性，因此，新三板的股价操纵并不像A股"容易"，但只要有利益在，就有"先行者"。

2015年11月，证监会披露了数起新三板市场操纵事件，当事人均滥用交易规则，采取多种操纵方法进行密集频繁操纵，造成相关股票价格剧烈波动。例如，陈某通过3个账户，利用持股优势、信息优势，以多日连续大量买卖、短时间内连续主动买入的方式操纵协议转让方式的"国贸酝领"股票价格，获利80.07万元。证监会拟决定，责令陈某在收到行政处罚决定书之日起15个交易日内依法处理非法持有的股票，没收违法所得并处以等额罚款。

内幕交易

内幕交易在 A 股并不鲜见，德赛电池总经理内幕交易案曾在资本市场喧嚣一时，以此为例进行借鉴。

德赛电池为深交所的上市公司，其总经理冯大明于 2011 年德赛电池一季报披露后着手筹备公司重大资产重组事宜，即由德赛电池定向发行股份，购买管理团队持有的德赛电池下属三家主要子公司 25% 股权。该重大资产重组属内幕信息，敏感期为 2011 年 11 月 8 日至 2012 年 2 月 20 日。在此期间，冯作为内幕信息知情人员，伙同女友谢晖利用新开立的"刘某""张某"证券账户以及借用的"李某"等 4 个证券账户，合计买入"德赛电池"股票 200 余万股，并于 2012 年 4 至 7 月间陆续卖出，获利 1800 余万元。

此案中，时任申银万国企业客户部总经理的王文芳也因将内幕信息泄露给大学同学徐双全被调查。信息泄露后，徐双全利用其控制的"徐双全""陈某"等 4 个账户买入"德赛电池"股票 62 万余股，并于 2012 年 6 月卖出，获利 700 余万元。

2012 年 5 月，证监会对此案件立案侦查，2012 年 7 月，移送至公安机关，最终，上述当事人分别被处以 3~7 年不等的有期徒刑和 10 万元~1900 万元不等的罚金。

证监会对新三板内幕交易的监管同样重视。2015 年 11 月，证监会披露了数起新三板内幕交易事件，其中"中海阳"公司创始人兼控股股东薛某作为相关内幕信息知情人，在内幕信息敏感期内净卖出公司股票 405.12 万股，规避损失 52.66 万元。证监会拟决定，没收薛某违法所得并处以等额罚款。

纵观过去一年，在所有 A 股与新三板企业违法违规的案例中，A 股中比较常见的是短线交易、违规减持、买卖股份累计超过 5% 未及时履行报告和公告义务、关联交易未披露、信息披露不规范等，常涉及的法律条款为《证券法》第四十七条、六十三条、一百九三条等；而在新三板中，比较常见的是股东及关联方占用公司资金、关联交易未履行审议程序及信息披露以及一些公司治理不规范的地方，涉及最多的是《非上市公众公司监督管理办法》第十四条、第二十条等规定。《证券法》《公司法》《非上市公众公司监督管理办法》等重要法律法规是每一个新三板企业和董秘的必知必会基础。

已挂牌企业规范性问题解析

股票发行违规：12家

出现的问题：挂牌公司在向股转公司提交股票发行备案材料前、取得股份登记函之前就使用了募集资金。

相关规定：

《全国中小企业股份转让系统股票 发行业务细则（试行）》

第二十二条　挂牌公司在验资完成后十个转让日内，按照规定向全国股份转让系统公司报送材料，履行备案程序。

第二十三条　全国股份转让系统公司对材料进行审查，并根据审查结果出具股份登记函，送达挂牌公司并送交中国证券登记结算有限责任公司（以下简称"中国结算"）和主办券商。以非现金资产认购股票的情形，尚未完成相关资产权属过户或相关资产存在重大法律瑕疵的，全国股份转让系统公司不予出具股份登记函。

第二十四条　挂牌公司按照中国结算相关规定，向中国结算申请办理股份登记，并取得股份登记证明文件。主办券商应当协助挂牌公司持股份登记函向中国结算办理股份登记手续。挂牌公司完成股份登记的办理后，新增股票按照挂牌转让公告中安排的时间在全国中小企业股份转让系统挂牌转让。

年报未披露财务报表附注：19 家

财务报表附注是对资产负债表、利润表、现金流量表和所有者权益变动表等报表中列示项目的文字描述或明细资料，以及对未能在这些报表中列示项目的说明等，可以使报表使用者全面了解企业的财务状况、经营成果和现金流量。

造成原因：1. 企业内控体系严重缺失；2. 券商严重失职。

季报披露违规：4 家

出现的问题：4 家企业均为 2015 年 7 月披露第一季季报。

相关规定：

《全国中小企业股份转让系统挂牌公司信息披露细则（试行）》

第十一条　挂牌公司应当披露的定期报告包括年度报告、半年度报告，可以披露季度报告。挂牌公司应当在本细则规定的期限内，按照全国股份转让系统公司有关规定编制并披露定期报告。

挂牌公司应当在每个会计年度结束之日起四个月内编制并披露年度报告，在每个会计年度的上半年结束之日起两个月内披露半年度报告；披露季度报告的，公司应当在每个会计年度前三个月、九个月结束后的一个月内披露季度报告。

披露季度报告的，第一季度报告的披露时间不得早于上一年的年度报告。

涉及关联方问题的违规：3 家

出现的问题：

1. 蓝天环保（430263）：关联方披露不完整、关联交易未经内部决策程序且未披露，关联方资金占用未披露。

2. 三信股份（831579）：挂牌审查期间关联方资金拆借事项未及时履行

信息披露义务。

3. 聚融集团（830920）：于2015年11月补充审议与披露挂牌后多项对外投资、关联交易、关联担保事项，且相关信息在2014年年报与2015年半年报中未进行准确、完整披露，公司治理不规范、信息披露违规。

相关规定：

《全国中小企业股份转让系统挂牌公司信息披露细则（试行）》第三十三条、第三十四条、第三十五条。

股东超过200人未经证监会核准：3家

出现的问题：

作为股东人数超过200人的公众公司，向特定对象发行股票，未经中国证监会核准，便披露认购公告进行认购。

相关规定：

《中国证券监督管理委员会公告〔2013〕49号》

第二条 股东人数超过200人的股份公司申请股票在全国中小企业股份转让系统挂牌公开转让、股份公司向特定对象发行证券导致证券持有人累计超过200人或者股东人数超过200人的非上市公众公司向特定对象发行证券，应当向我会提出行政许可申请，由中国证监会行政许可受理服务中心（北京市西城区金融大街19号富凯大厦A座一层）受理相关申请材料。

其他信息披露问题

表 11-1 部分公司信息披露违规行为列举

相关公司证券代码	相关公司证券简称	监管对象名称	监管对象类别	采取监管措施的日期	具体监管措施	违规行为
430032	凯英信业	凯英信业	挂牌公司	2014/03/14	出具警示函、要求提交书面承诺	未及时更正 2012 年年度报告；未按规定披露会计差错更正信息
430052	斯福泰克	斯福泰克	挂牌公司	2014/03/14	出具警示函、要求提交书面承诺	未按规定披露会计差错更正信息
430122	中控智联	中控智联	挂牌公司	2014/07/07	约见谈话、要求提交书面承诺	2012 年年报中财务数据与审计报告数据存在多处不一致，信息披露不准确且未及时更正
430056	中航新材	中航新材	挂牌公司	2014/07/07	约见谈话、出具警示函	2013 年年报中多处遗漏应披露信息，部分章节与《全国中小企业股份转让系统挂牌公司年度报告内容与格式指引（试行）》相关要求严重不符
430523	泰谷生物	泰谷生物	挂牌公司	2014/08/06	出具警示函	泰谷生物对于公司高管被采取强制措施及公司控股股东占用资金等重大事项，未履行信息披露义务
430136	安普能	安普能	挂牌公司	2015/03/20	出具警示函、提交书面承诺	对 3 起重大涉诉事项未及时履行信息披露义务。
430291	ST 中试	ST 中试	挂牌公司	2015/08/18	出具警示函、提交书面承诺	披露的 2014 年年报中存在多处重大遗漏。

续表

相关公司证券代码	相关公司证券简称	监管对象名称	监管对象类别	采取监管措施的日期	具体监管措施	违规行为
831340	金童股份	金童股份	挂牌公司	2015/08/27	出具警示函	金童股份在未取得同意做市函的情况下发布股票转让方式变更的提示性公告，信息披露违规。
831639	达仁资管	达仁资管	挂牌公司	2015/11/09	约见谈话	达仁资管于9月14日9时21分通过邮件申请重大资产重组暂停转让，导致挂牌公司股票盘中紧急停牌，不符合重大资产重组暂停转让的相关规定。
832168	中科招商	中科招商	挂牌公司	2015/11/05	约见谈话	在未通过全国股份转让系统指定信息披露平台披露融资具体方案的情况下，向媒体透漏融资的具体细节，构成信息披露违规。
832067	翱翔科技	翱翔科技	挂牌公司	2015/12/14	约见谈话	翱翔科技在未提交股票转让方式变更申请材料，未取得同意做市函的情况下发布股票转让方式变更的提示性公告，信息披露违规。
833310	仁新科技	仁新科技	挂牌公司	2016/01/18	约见谈话	公开转让说明书与审计报告附注多处信息披露不一致
835029	瑞兆源	新疆瑞兆源	挂牌公司	2016/02/26	出具警示函	股东办理股权质押登记在申报材料中披露
831644	透平高科	透平高科	挂牌公司	2016/03/01	约见谈话及要求提交书面承诺	在未履行股票暂停转让申请程序的情况下就披露了《重大事项停牌公告》，违反了《全国中小企业股份转让系统挂牌公司暂停与恢复转让业务指南（试行）》，且披露的内容与事实不符
831134	爱特科技	爱特科技	挂牌公司	2016/03/15	约见谈话	爱特科技重大资产重组存在的暂停转让申请违规行为，以及重组报告书制作质量差。
832084	天运股份	天运股份	挂牌公司	2016/03/22	约见谈话、要求提交书面承诺	天运股份在变更转让方式过程中，信息披露不准确。

违规处分情况

表11-2 部分公司违规处分情况列举

处分对象	处分时间	处分事由	处分措施
国泰君安证券	2016.1.29	12月31日14:50分,为执行本部门"卖出做市股票、减少做市业务当年浮盈"的交易策略,恶意砸盘。	公开谴责,并记入证券期货市场诚信档案数据库
王仕宏	2016.1.29	12月31日14:50分,为执行本部门"卖出做市股票、减少做市业务当年浮盈"的交易策略,恶意砸盘。	公开谴责,并记入证券期货市场诚信档案数据库
陈旸	2016.1.29	12月31日14:50分,为执行本部门"卖出做市股票、减少做市业务当年浮盈"的交易策略,恶意砸盘。	通报批评,并记入证券期货市场诚信档案数据库
李仲凯	2016.1.29	12月31日14:50分,为执行本部门"卖出做市股票、减少做市业务当年浮盈"的交易策略,恶意砸盘。	通报批评,并记入证券期货市场诚信档案数据库
可来博及其董事长、董事会秘书、财务负责人	2015.2.11	1.2013年股东大会结束后未进行信息披露;2.2014年12月发布的临时公告未盖董事会公章;3.2014年年报所用未经会计师事务所正式出具的审计报告。	通报批评,并记入证券期货市场诚信档案数据库
中试电力	2014.10.20	1.股票发行完毕后逾期备案;2.审议股票发行的股东大会通知时间距股东大会召开日不满十五日;3.违规向非关联方个人提供借款;4.违规贷款;5.未及时披露与汉口银行股份有限公司和天津国恒铁路控股股份有限公司之间存在票据追索权纠纷。	通报批评,并记入证券期货市场诚信档案数据库
泰谷生物控股股东	2014.8.11	控股股东违规占用资金	通报批评,并记入证券期货市场诚信档案数据库

新三板相关法律法规摘编

表11-3 新三板相关法律法规摘编

相关法律法规	条文	细则
《非上市公众公司监管指引第3号——章程必备条款》	第十条	章程应当载明公司信息披露负责机构及负责人。如公司设置董事会秘书的，则应当由董事会秘书负责信息披露事务。
《非上市公众公司监管指引第1号——信息披露》（证监会公告〔2013〕1号）		为了规范非上市公众公司信息披露行为，根据《公司法》、《证券法》和《非上市公众公司监督管理办法》的有关规定，现明确监管要求如下： 一、信息披露的内容。股票公开转让、股票向特定对象发行或者转让导致股东累计超过200人的公司，应当在公开转让说明书、定向发行说明书或者定向转让说明书中披露以下内容： （一）公司基本信息、股本和股东情况、公司治理情况； （二）公司主要业务、产品或者服务及公司所属行业； （三）报告期内的财务报表、审计报告。 定向发行说明书还应当披露发行对象和实际发行对象或者范围、发行价格或者价格区间、发行数量。 非上市公众公司也可以根据自身实际情况以及投资者的需求，更加详细地披露公司的其他情况。 二、信息披露的基本要求。非上市公众公司及其董事、监事、高级管理人员应当保证披露的信息真实、准确、完整，不存在虚假记载、误导性陈述或者重大遗漏，并对其真实性、准确性、完整性承担相应的法律责任。 非上市公众公司应当建立与股东沟通的有效渠道，对股东或者市场质疑的事项应及时、客观地进行澄清或者说明。 三、信息披露平台。非上市公众公司应当本着股东能及时、便捷获得公司信息的原则，并结合自身实际情况，自主选择公司章程约定的多种信息披露平台，如非上市公众公司信息披露网站（nlpc. csrc. gov. cn）、公共媒体或本公司网站、公司股东大会审议通过的非上市公众公司章程约定的其他方式。无论采取何种信息披露方式，均应当经股票交易场所要求的平台披露信息。 四、非上市公众公司章程依法设立的证券交易场所可以在本指引的基础上，对股票公开转让的非上市公众公司制定更详尽、更严格的信息披露标准；公司应按照从高从严的标准遵守证券交易场所的相关规定。 五、非上市公众公司按照本指引披露年度报告、半年度报告按照本指引进行披露。

第11章 合法合规

续表

相关法律法规	条文	细则
《非上市公众公司监督管理办法》（证监会令[第96号]）	第十四条	公众公司应当采取有效措施防止股东及其关联方以各种形式占用或者转移公司的资金、资产及其他资源。
	第十三条	公众公司进行关联交易应当遵循公平、自愿、等价、有偿的原则，保证交易公允，维护公司的合法权益，根据法律、行政法规、中国证监会的规定和公司章程、履行相应的审议程序。
	第二十条	公司及其他信息披露义务人披露的信息，应当按照法律、行政法规和中国证监会的规定。公司及其他信息披露义务人应当向所有投资者同时公开披露信息。公司及其他信息披露义务人披露的信息，应当真实、准确、完整，及时不得有虚假记载、误导性陈述或者重大遗漏。公司董事、监事、高级管理人员应当忠实、勤勉地履行职责，保证公司披露信息的真实、准确、完整、及时。
	第六十二条	信息披露义务人及其董事、监事、高级管理人员，公司控股股东、实际控制人，为信息披露义务人出具专项文件的证券公司，证券服务机构及其工作人员，违反《证券法》、行政法规和中国证监会相关规定的，中国证监会可以采取责令改正，监管谈话、出具警示函、责令公开说明、认定不适当人选等监管措施，并记入诚信档案；情节严重的，中国证监会可以对有关责任人员采取证券市场禁入的措施。
	第五十六条	中国证监会依法对公司进行监督检查或者调查，公司有义务提供相关文件资料。对于发现问题的公司，中国证监会可以采取责令改正、监管谈话、出具警示函、责令公开说明、责令改正等监管措施，并立案调查，说明事件的起因、目前的状态和可能产生的后果；涉嫌违法、犯罪的，移送司法机关。
	第二十五条	发生可能对股票价格产生较大影响的重大事件，投资者尚未得知时，公众公司应当立即将有关该重大事件的情况报送临时报告，并予以公告，说明事件的起因、目前的状态和可能产生的后果。
	第十二条	公众公司应当强化内部管理，按照相关规定建立会计核算体系、财务管理和风险控制等制度，确保公司财务报告真实可靠、行为合法合规。
	第二十九条	公司及其他信息披露义务人依法披露的信息，应当在中国证监会指定的信息披露平台公布。公司及其他信息披露义务人可在公司网站或者其他公众媒体上刊登依本办法必须披露的信息，但披露的内容应当完全一致，且不得早于在中国证监会指定的信息披露平台披露的时间。股票向特定对象转让导致股东累计超过200人的公众公司可以公司章程中约定其他信息披露方式；在中国证监会指定的信息披露平台披露信息的，应当符合本条第一款的要求。
	第十条	公众公司股东大会、董事会、监事会的召集、提案的召集、会议记录等制度、通知时间、召开程序、授权委托、质询权和表决权等应当符合法律、行政法规和公司章程的规定；会议记录应当完整并保存，保障股东的知情权、参与权、质询权和表决权。董事会应当在职权范围和授权范围内对审议事项合法作出决议，不得代替股东大会对超出职权范围和股东大会授权范围内的事项进行决议。

续表

相关法律法规	条文	细则
《全国中小企业股份转让系统挂牌公司信息披露细则（试行）》	第四十四条	挂牌公司和相关信息披露义务人披露承诺事项的，应当严格遵守其披露承诺事项，应当履行承诺的，应当及时披露原因及相关当事人可能承担的法律责任；相关信息披露义务人未履行承诺的，公司应当主动询问，并及时披露原因，以及董事会拟采取的措施。
	第四十六条	挂牌公司出现以下情形之一的，应当自事实发生之日起两个转让日内披露： （一）控股股东或实际控制人发生变更； （二）控股股东、实际控制人或其关联方占用资金； （三）法院裁定禁止控股股东转让其所持公司股份； （四）任一控股股东所持权的大股东转让其所持权的5%以上股份被执申 冻结、司法拍卖、托管、设定信托等总经理履行职责； （五）公司董事、监事、高级管理人员发生变动，董事长或者总经理履行职责； （六）公司减资、合并、分立、解散及申请破产的决定，或者依法进入破产程序，被责令关闭； （七）董事会就并购重组、股权分派、回购股份、定向发行股票或者其他证券融资方案、股权激励方案形成决议； （八）变更会计师事务所、会计政策、会计估计； （九）对外提供担保（挂牌公司对控股子公司担保除外）； （十）公司及其董事、监事、高级管理人员、控股股东、实际控制人在报告期内存在受有权机关调查、司法纪检部门采取强制措施，被移送司法机关或追究刑事责任、中国证监会稽查、中国证监会行政处罚、证券市场禁入认定为不适当人选，或收到对公司生产经营有重大影响的其他行政管理部门处罚、被有关机构责令改正或者经董事会决定进行更正； （十一）因期内披露的信息存在差错、未按规定披露或者虚假记载，被中国证监会或者其他有权机构责令改正或者经董事会决定进行更正； （十二）主办券商或全国股份转让系统公司认定的其他情形。发生违规对外担保、控股股东或者其关联方占用资金的，挂牌公司董事会审议会议后及时向全国股份转让系统公司报备并披露。公司应当在董事会每月发布一次提示性公告。披露违规对外担保或者资金占用的解决进展情况。
	第五条	挂牌公司应当制定信息披露事务管理制度，经董事会审议通过后及时向全国股份转让系统公司报备并披露。公司应当应由董事会秘书或信息披露事务负责人在任职及履行职责时，发生变更时亦同。上述人员离职或因故不接受或因故不能履行职责的，公司董事会应当及时指定一名高级管理人员代行职责。
《公司法》	第二十一条	公司的控股股东、实际控制人、董事、监事、高级经理人员不得利用其关联关系损害公司利益。 违反前款规定，给公司造成损失的，应当承担赔偿责任。

第 11 章　合法合规

续表

相关法律法规	条文	细则
《全国中小企业股份转让系统挂牌公司半年度报告内容与格式指引（试行）》	第二十四条	挂牌公司应当披露本年度内日常关联交易的预计及执行情况、本年度内发生的偶发性关联交易的金额，与关联方的交易方式及资金结算情况，并说明偶发性关联交易对公司生产经营的影响。公司应当说明本年度内发生的偶发性关联交易对公司生产经营的影响。
	第八条	由于国家机密、商业秘密等特殊原因导致本指引规定的某些信息不便披露的，挂牌公司可向全国股份转让系统公司申请豁免，经全国股份转让系统公司同意后，可以不予披露。公司应当在年度报告相关章节说明未按本准则要求进行披露的原因。
	第十一条	挂牌公司应当在年度报告目录后单独刊登重大风险提示。公司对风险因素的描述应当围绕自身经营状况展开，遵循关联性原则和重要性原则，客观披露公司重大特有风险。公司应当重点说明上一年度所提示重大风险的变化之处。
《全国中小企业股份转让系统股票发行业务指南》	第二（二）条	1. 发行方式 董事会决议确定具体发行对象的，挂牌公司应当按照股票发行方案和认购合同的约定确定发行对象，发行价格和发行股数。 2. 披露认购公告 挂牌公司最迟应当在缴款起始日前的两个转让日披露股票发行认购公告。公司章程已约定优先认购安排的，也应予以专门说明。优先认购安排包括但不限于以下内容：(1) 现有股东如有优先认购安排的，认购公告中还应披露现有股东的优先认购安排。本次股票发行如有优先认购安排的，在发行前优先认购安排、本次股票发行体现有股东优先认购或放弃优先认购的情况（如有）；(2) 现有股东优先认购的缴款期限和缴款方式；(3) 现有股东放弃优先认购股份的处理方式。 3. 认购与缴款 发行对象可用现金、非现金资产，以及同时以非现金资产和现金认购股票。现有股东应按照认购公告和认购合同的约定，在缴款期限内进行缴款认购。
	第一（四）条	挂牌公司在取得股份登记函之前，不得使用本次股票发行募集的资金。

续表

相关法律法规	条文	细则
	4.1.4	控股股东、实际控制人及其控制的其他企业应切实保证挂牌公司的独立性，不得利用其股东权利或者实际控制能力，通过关联交易、垫付费用、提供担保及其他方式直接或者间接占用挂牌公司及其他股东的资金、资产，损害挂牌公司及其他股东的利益。
《全国中小企业股份转让系统业务规则》（试行）	第6.1条	全国股份转让系统公司可以对本业务规则1.4条规定的监管对象采取下列自律监管措施： （一）要求申请挂牌公司、挂牌公司及其他信息披露义务人或者其董事（会）、监事（会）和高级管理人员、主办券商、证券服务机构及其相关人员对有关问题作出解释、说明和披露； （二）要求申请挂牌公司、挂牌公司聘请中介机构对公司存在的问题进行核查并发表意见； （三）约见谈话； （四）要求提交书面承诺； （五）出具警示函； （六）责令改正； （七）暂不受理相关主办券商、证券服务机构或其相关人员出具的文件； （八）暂停解除挂牌公司控股股东、实际控制人的股票限售； （九）限制证券账户交易； （十）向中国证监会报告有关违法违规行为； （十一）其他自律监管措施。 监管对象应当积极配合全国股份转让系统公司的日常监管，在规定期限内回答询问，按照全国股份转让系统公司的要求提交说明，或者披露相应的更正或者补充公告。
	第1.5条	申请挂牌公司、挂牌公司及其他信息披露义务人、主办券商应当真实、准确、完整、及时地披露信息，不得有虚假记载、误导性陈述或者重大遗漏。 申请挂牌公司、挂牌公司、挂牌公司控股股东、监事、高级管理人员应当忠实、勤勉地履行职责，保证公司披露信息的真实、准确、完整、及时、公平。 申请挂牌公司、挂牌公司及其他信息披露义务人、主办券商依法披露的信息，应当第一时间在全国股份转让系统指定信息披露平台（www.neeq.com.cn或www.neeq.cc）公布。
《对外投资管理制度》	第七条	公司进行对外投资必须遵循公司整体的改革发展思路与目标，坚持有利于促进公司的改革与发展，提高公司的综合效益，改善职工的生活水平，充分发挥存量资产的最大使用效益，避免重复投资与资金浪费。

续表

相关法律法规	条文	细则
《财务管理制度》	第二十二条	严格现金收支管理，除一般零星日常支出外，其余投资、工程支出都必须通过银行办理转账结算，不得直接兑付现金。
《非上市公众公司重大资产重组管理办法》（证监会令〔第103号〕）	第二十三条第一款	公众公司重大资产重组完成相关批准程序后，应当及时实施重组方案，并在本次重大资产重组实施完毕之日起2个工作日内，编制并披露实施情况报告书及独立财务顾问、律师的专业意见。
企业会计准则	第十条	企业应当按照交易或者事项的经济特征确定会计要素。会计要素包括资产、负债、所有者权益、收入、费用和利润。
《私募基金管理监督管理暂行办法》	第十三条	下列投资者视为合格投资者： （一）社会保障基金、企业年金等养老基金、慈善基金等社会公益基金； （二）依法设立并在基金业协会备案的投资计划； （三）投资于所管理私募基金的私募基金管理人及其从业人员； （四）中国证监会规定的其他投资者。 以合伙企业、契约等非法人形式，通过汇集多数投资者的资金直接或者间接投资于私募基金的，私募基金管理人或者私募基金销售机构应当穿透核查最终投资者是否为合格投资者，并合并计算投资者人数。但是，符合本条第（一）、（二）、（四）项规定的投资者投资私募基金的，不再穿透核查最终投资者是否为合格投资者和合并计算投资者人数。
	第十四条	私募基金管理人、私募基金销售机构不得向合格投资者之外的单位和个人募集资金，不得通过报刊、电台、电视、互联网等公众传播媒体或者讲座、报告会、分析会和布告、传单、手机短信、微信、博客和电子邮件等方式，向不特定对象宣传推介。

续表

相关法律法规	条文	细则
《证券投资基金销售管理办法》	第八十二条	基金销售机构从事基金销售活动，不得有下列情形： （一）以排挤竞争对手为目的，压低基金的收费水平； （二）采取抽奖、回扣或者赠送实物、保险、基金份额等方式销售基金； （三）以低于成本的销售费用销售基金； （四）承诺利用基金资产进行利益输送； （五）进行预约认购或者预约申购（基金定期定额投资业务除外），未按规定公告擅自变更基金的发售日期； （六）挪用基金销售结算资金； （七）本办法第三十五条规定的情形； （八）中国证监会规定禁止的其他情形。
	第八十七条	基金销售机构违反本办法规定的，中国证监会及其派出机构可以责令改正、出具警示函、监管谈话、暂停办理相关业务；对直接负责的主管人员和其他直接责任人员，可以采取监管谈话、出具警示函、暂停履行职务、认定为不适当任职等行政监督管理措施。
《全国中小企业股份转让系统股票发行业务细则（试行）》	第三条	挂牌公司股票发行，必须真实、准确、完整、及时、公平地披露信息，不得有虚假记载、误导性陈述或者重大遗漏。 挂牌公司的控股股东、实际控制人、股票发行对象及其他信息披露义务人，应当按照有关规定及时向公司提供信息，配合公司履行信息披露义务。
	第二条	信息披露义务人应当真实、准确、完整、及时地披露信息。 信息披露义务人应当同时向所有投资者公开披露信息，不得有虚假记载、误导性陈述或者重大遗漏。 在境内、外市场发行证券及其衍生品种并在上市公司在境外市场披露的信息，应当同时在境内市场披露。
《上市公司信息披露管理办法》	第五十九条	信息披露义务人及其董事、监事、高级管理人员违反本办法规定的，中国证监会可以采取以下监管措施： （一）责令改正； （二）监管谈话； （三）出具警示函； （四）将其违法违规、不履行公开承诺等情况记入诚信档案并公布； （五）认定为不适当人选； （六）依法可以采取的其他监管措施。 信息披露义务人违反法律、行政法规及本办法规定的，上市公司在境外上市的股东、实际控制人，收购人及其董事、监事、高级管理人员违反本办法规定的，中国证监会可以采取以下监管措施。

续表

相关法律法规	条文	细则
《全国中小企业股份转让系统非上市公众公司重大资产重组业务指引（试行）》	第十三条	全国股份转让系统在公司信息披露后的5个转让日内对信息披露的完备性进行审查；全国股份转让系统对信息披露未提出异议的，公司应当在审查期满后向全国股份转让系统申请证券恢复转让。发现信息披露存在问题的，全国股份转让系统有权要求公司对存在问题的信息披露内容进行解释、说明和更正；公司预计在原定最晚恢复转让日仍无法恢复转让的，应当在接到全国股份转让系统关于信息披露异议的同时，说明延后最晚恢复转让日。发现公司重大资产重组信息披露涉嫌虚假披露、误导性陈述、重大遗漏或存在程序不规范问题的，公司应当同时申请证券持续暂停转让，全国股份转让系统对信息披露异议的申请证券持续暂停转让。
	第十九条	公司发行股份购买资产构成重大资产重组的股票发行信息披露及具体操作流程，须遵守《重组办法》及本指引的要求，不再适用《全国中小企业股份转让系统股票发行业务细则（试行）》的有关规定。小企业股份转让系统股票发行业务细则（试行）涉及重大资产重组的股份发行业务细则和其他支付手段混合认购资产构成重大资产重组的，按照股份发行购买资产构成重大资产重组的规定办理。
《挂牌公司股票发行常见问题解答（二）——连续发行》		根据《非上市公众公司监督管理办法》《全国中小企业股份转让系统业务规则（试行）》和《全国中小企业股份转让系统股票发行业务细则（试行）》的规定，拟连续发行股票的挂牌公司，应当在前一次股票发行新增股份登记手续完成后，才能召开董事会审议下一次股票发行方案，也就是说挂牌公司前一次股票发行新增股份没有登记完成前，不得启动下一次股票发行的董事会决策程序。

后　记
无关风月，还原一个真实的新三板市场

2015年上半年，新三板成分指数从1000点到最高点2134点，四个月时间内涨幅超过113.40%，又从高位一路缩量下跌，跌至2016年6月30日的1214点，流动性问题被无限放大，有人说走上神坛的新三板又被打回了原形，我们试图从新三板从业者的角度去还原。

从新三板2015年全年的表现看，六个现象可以代表目前新三板最凸显的问题：

现象一：2015年至今，从最高点至最低点的全市场指数跌幅，新三板做市指数跌幅-58.71%，领跑国内其他主要指数。统计全市场全年最高点至最低点跌幅，新三板做市指数跌幅-58.71%，大于创业板-55.94%，大于上证-49.05%，大于新三板成指-41.53%。

一方面，新三板资金与热度明显表现出对A股走势的依赖性。从整个周期来看，新三板市场在2014年年底还是遮遮掩掩半推半就的状态，但在2015年2月份市场情绪被点燃之后，行情开始全面爆发，到了三四月份，新三板定增市场的估值价格到了疯狂阶段，但依然非常受机构欢迎。

另一方面，新三板又显示出其严重不成熟的一面。前期参与定增的投资机构，大都只是纸面浮盈，挣了吆喝，很少有机构投资者真正从市场上拿回钱，因此市场一旦有点风吹草动，赚不到钱的投资者也不愿意继续参与，情绪从冰点拉到最火爆之后再打回冰点。新三板指数急涨急跌，涨跌

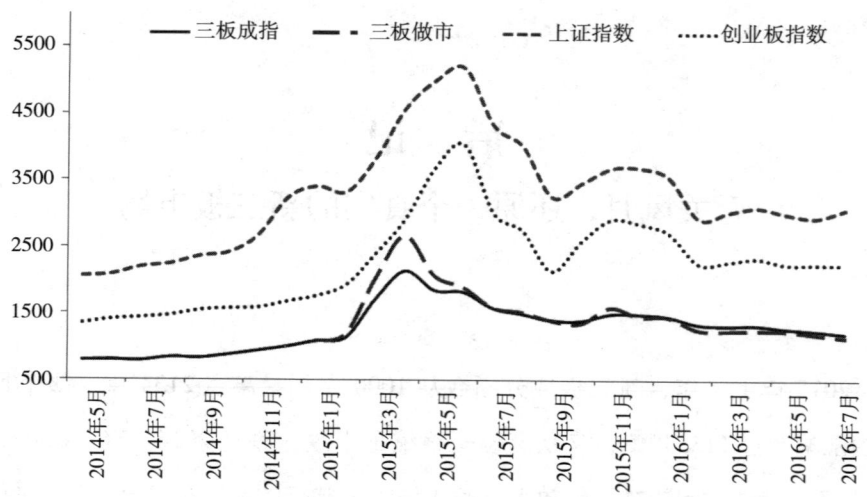

图1 2014年以来，三板成指、三板做市、创业板指、上证指数走势图

幅、振幅均超过 A 股指数，其本质原因为新三板市场还不成熟，市场规则、投资者成熟度、机构投资者盈利模式都存在不成熟性，导致其投融资功能跟整个市场周期关联性过强、稳定性差。从目前形式看，前期参与定增的投资机构大多处于浮亏状态，这一轮没有完成融资的挂牌公司大多数 6 月也未拿到投资。

现象二：协议转让交易平均市盈率 66.8 倍，已局部高于做市交易平均市盈率 52.1 倍[①]。过去一段时间，新三板挂牌公司都认为启动做市是提高估值的必然路径，券商和投资机构也建议新三板公司为了提高市值尽快启动做市，但目前这个市场环境下，盲目做市效果适得其反。

我们长期跟踪协议转让方式交易平均市盈率与做市转让方式交易平均市盈率之间的估值差异发现，2015 年 7 月之后，做市交易的平均估值持续降低，而非高频交易的协议转让交易估值却一直保持着横盘的状态。2016 年一季度，

---

① 市盈率数据为 2015 年算术平均值，市盈率计算剔除了负值、零值和超过 200 的企业

这种现象仍在持续,两类转让方式的估值差异逐步拉大。在这样一种现象的背后,已挂牌的新三板公司必须思考,在交易方式上采用什么节奏和策略以应对目前的市场。作为上市公司的资本运作财务顾问,我们一般建议上市公司在这样的市场环境下谨慎选择做市,观察市场情况,充分做好应对。

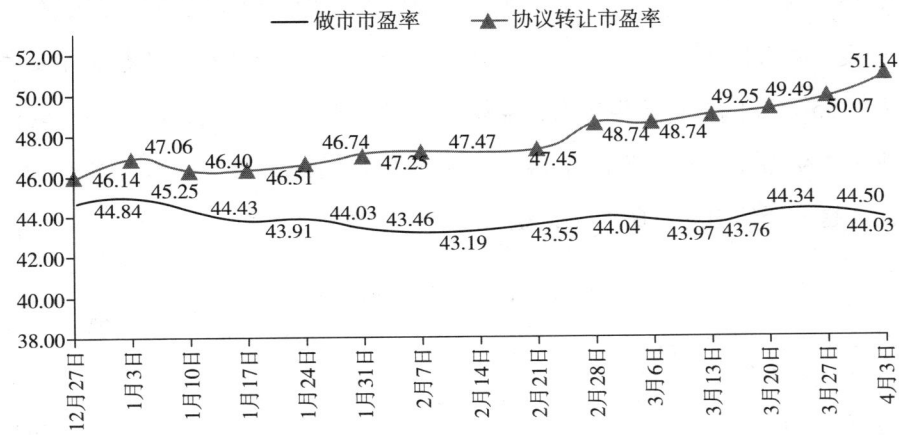

图2　2016年一季度每周新三板静态市盈率(算数平均法)走势图

说明:市盈率计算剔除了负值、零值和超过200的企业,最新年报、算术平均值

现象三:新三板交易量持续下滑,定增融资量(24亿/周[①]),流通交易量持续低迷(37亿/周[②])。我们的研究部门长期跟踪新三板的两个指标,以此作为市场好坏的一个判断依据:一是新三板市场的定增融资量,二是新三板交易市场的交易量。现在新三板二级市场严重缩量,一路下跌,定增融资额也是处于低位徘徊,市场交投冷清。

新三板有一个很有意思的怪象:当情绪高涨的时候,新三板是个股票市场,大部分投资者都认为在半年的投资周期内可以快进快出,而在市场遇冷的时候,新三板又变成了PE市场,机构投资者会因为没有交易量无法卖出而

---

① 该处数据为2015年全年周度平均融资额,数据来源:Wind(万得资讯)
② 该处数据为2015年全年周度平均融资额,数据来源:Wind(万得资讯)

被动持有。假设增发融资量是入口，流通交易量是出口，一个 10 亿元的定增项目，可能一周内就能完成建仓，但如果要卖出套现，在目前周交易量只有 37 亿元的背景下，估计需要超过半年的时间，而且价格还会受到很大的影响。

2015 年高峰期周成交额 124 亿元，2016 年前 6 个月缩量 70%，交易量为每周 35 亿元人民币，这个数量是个什么概念？平均每天不足 7 亿元，仅相当于 A 股一家百亿元市值公司一天的成交量，而真实的流通环境比想象中更差，因为这 35 亿元的成交量中还未扣除做市商每天最低的换手要求以及新增挂牌企业对应交易量。但截至 3 月 14 日，新三板市场的总市值规模是 2.64 万亿元，这是一个价值虚高的数字，是一个畸形现象。

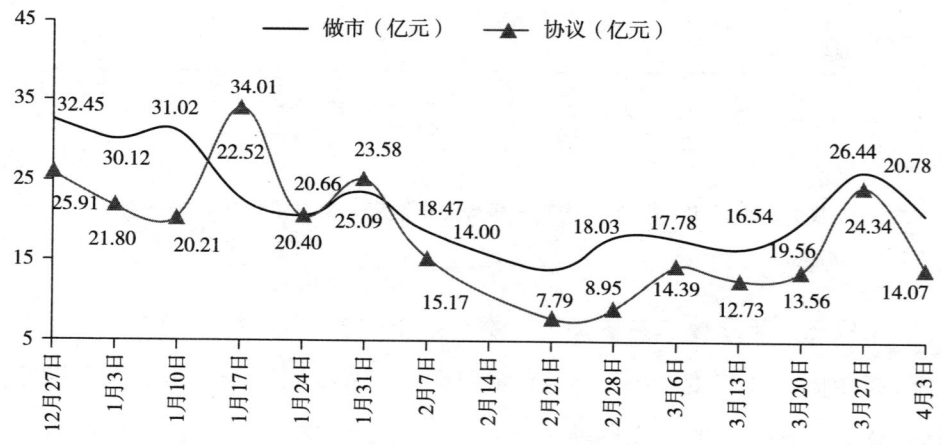

图 3　2016 年一季度新三板"成交额"走势图

数据来源：全国中小企业股份转让系统

现象四：做市商结构对市盈率影响大，"做市商数量少的企业"的平均市盈率高于"做市商数量多的企业"的平均市盈率。我们在服务新三板挂牌企业的过程中，发现大部分新三板上市公司对"为何要做市、什么结构做市"的问题并没有完成思考，很多新三板企业首次做市启动时，会贪大求全选择多名做市商，认为可以有效放大成交量和估值溢价，但从数据上看，目前做市商数量和估值水平基本呈负相关关系。做市商的管理其实已经成了新三板企业市值问题的核心，也直接关系新三板企业的外部资本生态。

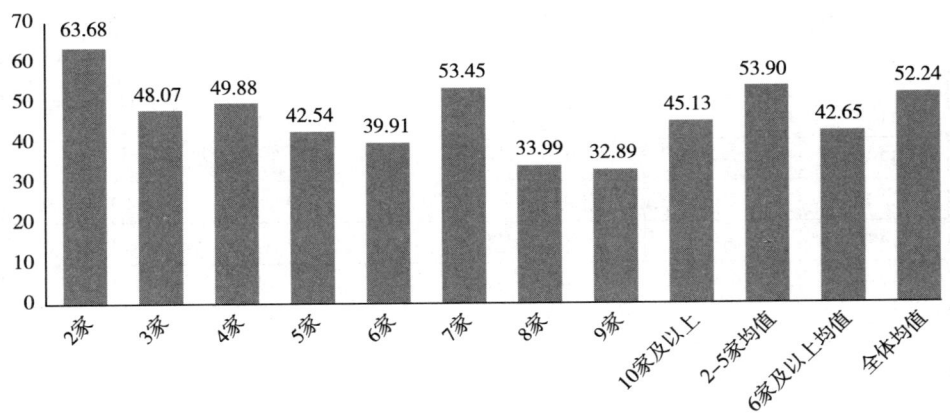

图4　2015年9月18日做市企业市盈率分布

说明：市盈率计算剔除了负值、零值和超过500的企业，最新年报、算术平均值

从表1可看出，做市商多交易量相对大，做市商少则相对估值高，要"量"还是要"价"，以"交易量"为优先原则，还是以"估值溢价"为取舍，对新三板企业来说，应该根据自身的资本运作策略和安排反推不同阶段的资本运作。

表1　做市企业市盈率分布

做市商个数	PE≤0 企业数	0<PE<500 企业数	PE≥500 企业数	合计	占比
2家	23	255	5	283	34.98%
3家	14	197	4	215	26.58%
4家	3	111	1	115	14.22%
5家	1	79	—	80	9.89%
6家	—	40	1	41	5.07%
7家	1	24	—	25	3.09%
8家	—	14	—	14	1.73%

续表

做市商个数	PE≤0 企业数	0<PE<500 企业数	PE≥500 企业数	合计	占比
9家	1	9	—	10	1.24%
10家	—	6	1	7	0.87%
11家	—	10	—	10	1.24%
12家	—	1	—	1	0.12%
13家	—	4	—	4	0.49%
14家	—	1	—	1	0.12%
17家	—	—	—	1	0.12%
18家	—	1	1	1	0.12%
23家	—	1	—	1	0.12%
合计	43	753	13	809	100.00%

数据来源：Wind（万得资讯）

现象五：真实的做市交易，交易活跃呈一九分布，一半以上做市公司无交易。很多新三板企业做市之后都期望自己能够有活跃的交易与较好的K线走势，导致新三板做市企业的暴增，从2015年2月底不到170家飙升到2016年3月底1400多家。而目前做市交易市场的实际情况是，交易额前30名的企业占据全市场交易额的65%，占据做市企业数量的3%，占据全市场挂牌企业数量的1%，实际的做市情况比预期中的要差很多，大部分企业启动做市后仍然没有投资者交易，只有做市商之间的相互倒手。

表2　2016年3月11日做市企业成交额分布

做市企业成交额排名	家数	成交额（万元）	平均成交额（万元）	成交额占比	企业数量占比
第1~10名	10	6780.12	1678.01	50.42%	0.72%
第11~30名	20	5155.76	257.79	15.49%	1.45%
第31~49名	19	2473.98	130.21	7.43%	1.37%
第50~99名	50	3599.54	71.99	10.82%	3.61%
第100~199名	100	2948.13	29.48	8.86%	7.23%

续表

做市企业 成交额排名	家数	成交额 （万元）	平均成交额 （万元）	成交额占比	企业数量占比
第 200～299 名	100	1229.31	12.29	3.69%	7.23%
第 300～399 名	100	565.32	5.65	1.70%	7.23%
第 400～749 名	350	527.13	1.51	1.58%	25.29%
第 750～1384 名	635	0	0.00	0.00%	45.88%
合计	1384	33 279.28	24.05	100.00%	100.00%

数据来源：Wind（万得资讯）

观察研究这 30 多家交易量相对活跃的企业，这些企业大多数都是具备较大体量优势与成长性的企业，甚至一定程度上，在收入利润的规模上已经可以与中小板和创业板看齐，所以体量规模相对活跃的资本交易能够提供足够的纵深空间。

现象六：监管实质性趋严带来新三板挂牌企业的规范性提升需求。2016 年 4 月份新三板市场挂牌公司总数达到 6000 多家，股转中心一度的策略是先做大再做精，而在海量企业挂牌后，新三板挂牌公司的相关培训和监管体系却无法在短期跟上，在合法合规、信息披露、内幕交易、交易流程、资本运作等流程都存在一定程度的不规范。目前监管已经明显实质性趋严，比如过去在股转中心操作的股份增发能够几个项目同时操作，但现在同一时间只能操作一个项目，且申报第二个项目必须等第一个项目拿到备忘函后才可启动。2016 年 3 月起，股转中心监管力度和范围均在加大，采用通告、惩处等措施强化对新三板公司违规披露等现象的治理，也列出了针对券商的 35 项负面行为清单，涵盖受理材料、申请挂牌、内核、督导、做市等业务，并且从 4 月 1 日起正式实施针对主办券商的执业质量评价。股转中心高层表示，未来要细化、完善挂牌准入条件，制定准入负面清单制度，在股票发行方面设置募集资金负面清单制度，引入授权发行制度，推出资产支持证券等。

从趋势看，我们认为新三板的合规性会向创业板趋同，但仍会保持灵活性，会逐步从挂牌前的合规向挂牌后合规加强，从强调挂牌企业合规到加强中介服务商合规再到投资者合规。这对投资者和新三板挂牌企业都提出了更高的要求，长期看一定是好事，因为只有完成了严格的透明化和公司治理，才能充分享受公开交易市场的红利，尽管现在看来这个红利可能只属于那3%的优质企业。

和君商学董秘邦

  董秘邦是由和君商学重点打造、深度聚焦在董秘领域的互联网教育学习社群。董秘邦以"产融互动战略"为核心理念，分享内容以和君集团合伙人咨询及资本实操项目积淀为基础，他们将亲手操作的项目过程、心得转换为原生态的商业案例，这些案例最真实地反映公众公司在成长中遇到的系列问题及应对策略，为董秘实操提供最接地气的教学素材。同时和君商学一家新三板公司的产融实践，也为上市公司的产融互动提供另一层面的借鉴。

  董秘邦通过上市公司董秘班、新三板董秘班、行业董秘班及星辰计划-董秘职业班等多种产品，为上市公司及新三板公司培养实操的董秘及董办人才，同时为金融人士转型董秘保驾护航。和君立志通过董秘人才的培养，为上市公司的规范发展及资本市场的健康成长贡献自己的力量，同时将董秘邦打造成为董秘执业标准制定者及董秘人才集聚地。

  仅2016年，和君商学董秘邦面向上市公司/新三板公司董秘、财务总监、董事长等经营决策人员，先后在北京、上海、广州、深圳、重庆、大连、长春等地开设线下班级16期，线上董秘职业班1期，累计毕业学员1000余人，为资本市场培养了众多优秀的人才。

课程分级	课程序列	面向对象
基础	星辰计划-董秘职业班（线上）	公众公司董秘、董办成员（证券事务代表、信披专员、投资者关系专员、战略投资经理、战略发展经理等）、拟转型董秘的金融从业者
提升	新三板董秘班/行业董秘班（线下）	新三板公司/特定行业董秘、财务总监、总经理、董事长等经营决策人员
强化	上市公司董秘班（转型升级与价值成长）线下	A股上市公司、高成长新三板公司及美股、港股公司董秘、财务总监、总经理、董事长等经营决策人员

  若您对董秘邦社群及各类董秘班级感兴趣，欢迎您联系小助手-小星获取进一步的资讯。

  小星：13269162226（微信同电话）

董秘邦公众号

小星微信

资本运营董事长特训班
——培养新三板最具资本经营意识的企业家

价值倍增效应，资本运营董事长班精心打造五大收获

❖ **收获一：落地实操解决方案。** 和君累计6000余个咨询案例，1500余名咨询师队伍。凭借专业优势、平台优势、团队优势、资源优势，针对市值管理、股权激励、并购重组、战略规划等问题，分析诊断、明确思路、提出建议，提供"国势＋产业＋管理＋资本"四位一体的落地性实操解决方案。

❖ **收获二：上市公司游学。** 参访研访数家资本市场标杆上市公司，深度对话其创始人与核心高管，分享他们的产业洞察和资本经验，为市值成长和产业升级点亮灯塔，指引方向。

❖ **收获三：企业家学习思享荟。** 和君董事长特训班免费复课，以"学习、提升、真诚、合作、共赢"为宗旨，整合全国企业家同学资源，形成资本运营主题企业家社群，线下举办免费资本运营主题沙龙、线上提供资本运营主题教学课程，并提供资本运营相关咨询、投行、资产管理深度服务，通过持续学习增进学员交流与合作，共同成长！

❖ **收获四：资本运营系统服务。** 通过企业家社群导入"媒体＋培训＋人才＋路演＋基金＋管理咨询＋投资银行＋财富管理"深度服务能力，形成开放的资本运营综合服务体系，为学员提供系统服务，解决后顾之忧，促进企业价值提升。

❖ **收获五：对接优质董秘人才。** 董秘是对接资本市场的第一出口，推动产融互动第一责任人，挂牌公司的私人投资银行部和"制空力量"。和君金牌董秘班培养了逾1000位优质董秘人才，解决董秘人才需求和企业传播困境。

报名方式：咨询电话：18600037978（可添加微信，加"晓谦"好友，备注"董事长班"，进行咨询和报名）

【课程体系】

主题	细分主题	主题	细分主题	主题	细分主题
证券投资分析	趋势与投资机会	上市筹划与执行	主板挂牌实务	并购重组	方案设计与创新
	热点板块与选股策略		新三板挂牌实务		流程和风险管制
	投资策略与风险管理		国内外上市实务		整合与管理提升
PE、VC投资	筛选方法与尽职调查	股权激励	股权激励与资本经营	产业整合与创新	产业整合与定位竞争战略
	分析框架与关键因素		股权激励实施路径		企业规划与实施
	行业现状与发展趋势		股权激励案例解析		创新与变革优化
市值管理	价值塑造、价值描述	企业融资	上市前后融资实务	战略规划与实施	战略研判战略管理
	价值传播、价值实现		新时代融资创新		商业模式竞争分析
	市值的影响因素及其机理		投资者视角企业融资		成长管理战略执行